O TIRANO E A CIDADE

Newton Bignotto

O TIRANO
E A CIDADE

70 discurso editorial

O TIRANO E A CIDADE
© Almedina, 2020
AUTOR: Newton Bignotto

DIRETOR ALMEDINA BRASIL: Rodrigo Mentz
EDITOR DE CIÊNCIAS SOCIAIS E HUMANAS: Marco Pace
ASSISTENTES EDITORIAIS: Isabela Leite e Marília Bellio
COORDENAÇÃO EDITORIAL: Milton Meira do Nascimento

REVISÃO: Sonia Reis
DIAGRAMAÇÃO: IMG3
PROJETO GRÁFICO: Marcelo Girard

ISBN: 9786586618211
Outubro, 2020

Dados Internacionais de Catalogação na Publicação (CIP)
(Câmara Brasileira do Livro, SP, Brasil)

Bignotto, Newton
O Tirano e a Cidade / Newton Bignotto. --
1. ed. -- São Paulo : Edições 70, 2020.

ISBN 978-65-86618-21-1

1. Ciências políticas - Filosofia 2. Despotismo
3. Filosofia antiga I. Título..

20-42143   CDD-321.6

Índices para catálogo sistemático:
1. Despotismo : Ciência política 321.6
Maria Alice Ferreira - Bibliotecária - CRB-8/7964

Este livro segue as regras do novo Acordo Ortográfico da Língua Portuguesa (1990).

Todos os direitos reservados. Nenhuma parte deste livro, protegido por copyright, pode ser reproduzida, armazenada ou transmitida de alguma forma ou por algum meio, seja eletrônico ou mecânico, inclusive fotocópia, gravação ou qualquer sistema de armazenagem de informações, sem a permissão expressa e por escrito da editora.

EDITORA: Almedina Brasil
Rua José Maria Lisboa, 860, Conj.131 e 132
Jardim Paulista | 01423-001 São Paulo | Brasil
editora@almedina.com.br
www.almedina.com.br

Sumário

Sumário
Apresentação 9

Capítulo 1

A INVENÇÃO DO TIRANO 13
   1.1. O aparecimento do tirano 15
   1.2. Sólon, o antitirano 24
   1.3. A história e os historiadores 34

Capítulo 2

O TIRANO TRÁGICO 43
   2.1. Tragédia: uma arte política 46
   2.2. Ésquilo: os deuses e a justiça dos homens ... 50
   2.3. A Antígona 56
   2.4. Édipo tirano 73

Capítulo 3

O TIRANO CLÁSSICO 85
   3.1. Platão 86
      3.1.1. Trasímaco e o governo do mais forte ... 86
      3.1.2. Antifonte e o problema da justiça ... 90

3.1.3. Trasímaco e a tirania — 94
3.1.4. A fundação da cidade e a injustiça — 99
3.1.5. A arte da fundação — 103
3.1.6. O Político e a arte da fundação — 107
3.1.7. O legislador e o tirano — 114
3.1.8. Desejo e corrupção dos regimes políticos — 121
3.1.9. A tirania ideal — 126
3.2. Aristóteles — 136
3.2.1. Aristóteles crítico de Platão — 136
3.2.2. Tirania e monarquia — 141
3.2.3. Tirania e corrupção — 147

Capítulo 4

A EDUCAÇÃO DO TIRANO — 155
4.1. Platão — 157
4.1.1. A "Sétima carta" — 157
4.1.2. A "Oitava carta" — 165
4.2. Xenofonte — 169
4.2.1. Xenofonte e a tirania — 169
4.2.2. Filosofia e tirania — 175

Referências bibliográficas — 181

Para meus pais

Prefácio à nova edição

Quando saiu a primeira edição desse livro, no final dos anos 1990, havia uma grande esperança em boa parte dos países ocidentais, mas também em outras regiões do planeta, de que o regime democrático havia se tornado uma referência incontornável da vida política. Mesmo com o exagero de alguns pensadores, que imaginaram que a história havia atingido seu fim e que o destino de todos era viver segundo os valores e instituições das democracias liberais, havia um sentimento de que fora descoberto um caminho cimentado pela liberdade e pela igualdade, que cedo ou tarde seria trilhado por todos. Duas décadas depois, essa esperança parece ter encontrado seus limites. Se há fortes motivos para acreditar que os regimes republicanos-democráticos são a melhor maneira de organizar nossa vida em comum, figuras do autoritarismo, e mesmo do fascismo, reapareceram e despertaram velhos fantasmas. Tudo se passa como se a tirania tivesse sido desperta de um período de hibernação e voltasse para reivindicar seu lugar na cena pública.

O *Tirano e a Cidade* trata da tirania na Grécia antiga, desde suas origens até os séculos de Platão e Aristóteles, quando ela se consolidou como o regime extremo por excelência, fronteira da política e da civilização. Pode parecer, assim, que se trata de uma figura do passado, que visitamos para entender outras civilizações, que nos precederam e participaram de nossa fundação, mas que não servem mais para nos ajudar a pensar nosso tempo, marcado pela eclosão das sociedades de massa, do império da técnica e da morte industrial perpetrada nos campos de concentração da Segunda Guerra mundial. Ledo engano.

De fato, não há como comparar as cidades-estado do mundo antigo com nossas formações sociais e políticas. É possível, no entanto, conversar com o passado, atentos às profundas diferenças que nos separam, mas também às semelhanças que nos aproximam. Como não pensar no tirano de Platão, que é a figura mais abjeta dos atores políticos da Antiguidade, disposto a infringir até mesmo a regra universal de proibição do incesto, quando vemos governantes que chegaram ao poder, por vezes pela via legal, abusando de suas prerrogativas, perseguindo adversários políticos, excluindo minorias, atentando contra a Constituição dos países onde vivem?

A tirania foi um regime político comum no mundo antigo. Na Idade Média continuou a ser considerado o pior regime, aquele que deveria ser banido, em alguns casos, até mesmo pela morte do tirano. No Renascimento, as cidades italianas foram povoadas por governantes tirânicos que impressionaram o grande historiador suíço do século XIX, Jacob Burckhardt, por seu comportamento pujante e violento. Com o início da modernidade, a partir do século XVI, outros termos surgiram para designar os regimes extremos: despotismo, ditadura, totalitarismo. Alguns, como os dois primeiros, foram recuperados do vocabulário político antigo para designar novas realidades; outros foram criados para nomear experiências inéditas na história da humanidade e que pareciam não estar conectadas com nada do que havíamos vivido até então.

A referência à tirania e aos tiranos, no entanto, nunca desapareceu, mesmo quando novos termos passaram a ocupar seu lugar nas teorias políticas. Restou-lhe, primeiramente, um lugar na retórica política, o que fez com que em muitas línguas ele continuou servindo para designar o mau governante. Mas seu uso continuado ao longo dos séculos foi além do terreno dos embates oratórios.

Se prestarmos atenção às características que definem os tiranos antigos, veremos que podemos aprender muito com eles, para interpretar acontecimentos decisivos de nossa época.

Para os gregos da Antiguidade, os tiranos eram aqueles que chegavam ao poder por vias ilegais, fora do curso normal das tradições e normas que regiam as cidades. Nesse particular, se pensarmos no lugar que os golpes de Estado ocupam na vida política de vários países, em particular na América Latina, veremos que a maneira como a tirania se implantava no passado, recebeu um novo nome na modernidade, mas continua a ser um caminho muito frequentado para a tomada do poder por grupos e pessoas que não aceitam as regras do jogo e procuram se impor por todos os meios.

Uma vez instalados no poder, os tiranos recorrem à violência para se manterem a cada vez que se sentem ameaçado. Assim, mesmo quando se valem de meios legais para conquistar posições de mando, rapidamente se apartam deles, usando da proeminência que adquiriram, para destruir as instituições que os alçaram ao posto máximo. Hitler e Mussolini são os casos mais evidentes dessa combinação de legalidade e violência no acesso ao poder, mas estão longe de serem os únicos. Até os dias atuais, governantes se servem das leis para violá-las e colocar o que hoje chamamos de Estado democrático de direito em perigo.

Um outro traço dos tiranos gregos, que lembra em muito alguns governantes contemporâneos, é o fato de quererem se identificar diretamente ao legislador como fonte de interpretação e origem de todo aparato legal. Cientes muitas vezes de que para preservar o poder adquirido pela força, ou mesmo por caminhos legais, precisam mudar a organização das cidades, eles transformam a vontade pessoal em fundamento da legalidade e assim inventam códigos que lhes são inteiramente submissos. O que acreditam ser a sua verdade passa a ser o parâmetro para o julgamento de seus adversários e da maneira como todos devem viver. Com isso se dedicam a atacar a Constituição e a mudá-la no sentido de seus desejos. Mais uma vez observamos, com uma frequência enorme nesse início de século, que, para muitos atores políticos, governar é dobrar as leis na direção de suas vontades e projetos e impor uma visão unitária da vida, que destrói toda a diversidade das sociedades complexas.

Um traço que também nos une aos tiranos antigos é o recurso à demagogia. Alguns foram eles mesmos demagogos, outros se serviram da fala afiada dos oradores em praça pública para alcançar seus objetivos. Todos fizeram da palavra um instrumento de poder, deturpando-a, usando-a para caluniar ou atemorizar seus concidadãos ou súditos. A retórica é parte da política, ela encena o conflito entre adversários, permitindo que se chegue a uma solução possível numa disputa política. Mas, num tempo em que prolifera a propagação de mentiras fabricadas para fins de preservação do poder, políticos, que hoje chamamos de populistas, mostram que temos muito o que aprender com o comportamento dos tiranos do passado. Como alguns governantes atuais, eles não estavam interessados no debate de ideias e em persuadir o corpo político de que suas ideias são justas e adequadas para as situações vividas pelos cidadãos. Eles querem somente impor sua visão de mundo baseada por vezes em absurdos como o dos que acreditam em pleno século XXI que a terra é plana.

Por isso, mergulhar na história e nas teorias sobre a tirania grega pode ser uma via interessante para aprendermos a pensar em nossas próprias mazelas, tomando como ponto de partida nossas diferenças e identidades com o passado. Essa é a aventura para a qual esse livro convida seus leitores.

Apresentação

Quando estudamos a história do pensamento político ocidental e suas relações com a cultura grega, a figura do tirano ocupa sempre um lugar de destaque. De fato, desde que os gregos puseram-se a pensar sobre a natureza do governo de um só, não mais deixamos de olhar com inquietação, medo e por vezes admiração para esse personagem solitário, que atravessou os séculos guardando intacta sua capacidade de conduzir nossos olhos para o que temos de pior, ou para o que devemos temer em nós mesmos. O tirano inspirou não só discursos sobre o abuso do poder, mas também e, com certa frequência, reflexões sobre a natureza da alma e seus recônditos, que, emergindo na vida pública, revelam abismos que gostaríamos de evitar ou de não possuir. O aparecimento da tirania na Grécia coincidiu em grande medida com a descoberta da própria razão, o que nos conduziu desde cedo a pensá-la como seu outro, ou como a encarnação do negativo que a destrói, quando deixa o terreno das ideias, para se tornar uma força atuante no cotidiano dos homens.

Foi sem dúvida essa capacidade de encarnar o negativo, a barbárie, o inverso da civilização, que permitiu ao tirano sobreviver à sua própria existência histórica no mundo antigo, para inspirar comportamentos e formas de governo que se desenvolveram em condições totalmente diferentes das da Grécia Antiga. Mas essa sobrevivência, ao mesmo tempo que nos ensina algo sobre o governo tirânico, esconde suas particularidades, seus laços estreitos com a sociedade que o gestou no passado e que não pôde deixá-lo de lado, apesar do afã de racionalidade que a dominou pelo menos em alguns momentos de sua história.

Este livro terá como personagem central o tirano e sua relação com a cidade. Mas, antes de dizer o que vamos buscar, talvez seja razoável delimitar o que não vamos fazer, para assim evitar certos equívocos, que apenas decepcionariam o leitor. Em primeiro lugar, este não é um livro sobre a história da tirania – nem mesmo na Grécia Antiga. Essa tarefa já foi realizada por estudiosos do período, e não teria sentido repeti-la na ausência de novidades convincentes do ponto de vista historiográfico. Em segundo lugar, também não é um livro sobre a história do conceito de tirania. Talvez, de fato, estejamos mais próximos da história das ideias, mas, se nossa intenção fosse a de seguir as trilhas do desenvolvimento conceitual da ideia de tirania, teríamos de realizar um trabalho exaustivo com um grande número de fontes textuais, o que ultrapassa em muito nossas pretensões.

Podemos dizer então que, ao escolher o tirano como objeto de nosso estudo, o fazemos na exata medida em que acreditamos que a descoberta da liberdade e da democracia pelos gregos, assim como o desenvolvimento da filosofia política, só pode ser apreciada em sua riqueza de nuances se deixarmos de lado a ilusão laudatória, para buscar seu real significado no claro-escuro que compôs a vida política dos helenos e a aventura de descoberta do espaço público. Nesse sentido, nossa tarefa pode ser compreendida como a tentativa de desvelar o segredo da relação da cidade com seu negativo, que a unânime condenação da tradição tende apenas a obscurecer. Partindo da descoberta do tirano, vamos então procurar mostrar que papel esse personagem efetivamente teve na criação de um discurso e de uma prática nova da política. Como, ocupando o lugar do que deveria ser interdito, ele contribuiu para a construção de uma teoria consistente sobre a liberdade. Não tivemos a preocupação da completude, mas acreditamos que, para seguir nosso caminho, era necessário traçar a gênese da ideia de tirania e, para isso, recorrer a fontes tão variadas quanto a poesia do século VI a.C., as tragédias do século V a.C. e, por fim, a filosofia dos grandes mestres, na certeza de que, nesse caso, qualquer tentativa de hierarquizar os discursos encobriria as dificuldades da questão, sem contribuir para revelar sua enorme complexidade. Tentaremos, assim, ao longo do livro deixar de lado os preconceitos de uma certa crítica filosófica, que pretende delimitar, a partir de critérios muitas vezes artificiais, o que é importante e o que não é para o pensamento, para seguir a grande inspiração da hermenêutica filosófica, que faz da análise rigorosa das fontes e da busca da coerência dos argumentos a mola mestra da reflexão.

***

Para finalizar, resta agradecer aos que, de uma maneira ou de outra, tornaram possível o desenvolvimento deste estudo. Em primeiro lugar, ao Conselho Nacional de Desenvolvimento Científico e Tecnológico (CNPq), que, concedendo-me uma bolsa de pesquisa, propiciou as condições adequadas para minha investigação. Agradeço também à professora Nicole Loraux que, no começo deste trabalho, forneceu-me indicações preciosas; assim como ao professor Teodoro Rennó Assunção, que não só me fez preciosas sugestões, como incentivou-me com observações lúcidas e pertinentes. Por fim, resta expressar minha dívida para com os membros do grupo de estudos de Ética e Filosofia Política do Departamento de Filosofia da UFMG: Carlos Drawin, Francisco J. Herrero, Hugo Amaral, Ivan Domingues, Marcelo Perine, Telma Birchal, que de forma generosa me acompanharam ao longo do trabalho com críticas e sugestões.

Capítulo 1

A INVENÇÃO DO TIRANO

A tirania, assim como a democracia, é uma invenção grega; invenção cuja radicalidade e originalidade afetaram de maneira decisiva a história política do Ocidente e criaram um campo de significações dentro do qual, até hoje, é-nos possível formular um bom número de questões pertinentes a nossa vida política. Com efeito, qual escritor ou teórico da política não recorreu à figura do tirano ou à tirania para caracterizar as atitudes de um governante ou a natureza de um regime? Mesmo na vida política ordinária, que agente político emprestaria ao termo "tirano" uma conotação positiva? Essa aparente unanimidade esconde, no entanto, uma dificuldade fundamental e um desafio para o intérprete contemporâneo que deseja se servir da ideia clássica da tirania para guiá-lo em suas análises da realidade atual.

Em primeiro lugar, é pouco provável que um conceito tenha guardado a mesma significação e seja suficientemente claro para poder ser usado da mesma maneira ao longo de tantos séculos. Se quando estudamos a democracia isso se torna patente[1], não há razões para supor que o mesmo não ocorra com a tirania. Apesar dessa regra de bom senso, muitos escritores continuam a usar o termo tirano como se tivesse apenas um sentido, ou, pior, como se sua simples menção fosse suficiente para revelar seu significado.

Em segundo lugar, não podemos supor que, pelo fato de uma ideia ter sobrevivido a tantas mudanças e ter se incorporado a todas as línguas ocidentais, ela continue a poder ser usada, fora de seu campo semântico original, de maneira fecunda e reveladora para o entendimento dos tempos atuais. A menos que se aposte na absoluta regularidade e repetitividade da experiência humana, cada época exige de seu estudioso um esforço de desvelamento e compreensão, que, se quiser ser fecundo, não poderá se basear no automatismo das repetições nem no puro abandono do passado. Não temos nenhum motivo para admitir que o mesmo não ocorra com o conceito de tirania.

No entanto, como já dissemos na apresentação, não é esse o propósito deste livro, que se restringe à Grécia Antiga, e procura explorar o papel que o conceito de tirania teve na filosofia política clássica, ao lado de teorias e interpretações que marcaram para sempre nossa cultura. Neste primeiro capítulo, vamos procurar explicar em que sentido podemos falar de invenção do tirano na Grécia Antiga e de que maneira o termo, tendo se tornado corrente na vida política de então, veio a se incorporar à literatura e à reflexão política nascente, que encontrou na história e na poesia sua primeira expressão. Se, de alguma forma este estudo contribuir para clarear problemas atuais, será um fruto que acreditamos possível em todo trabalho de reflexão que, voltado para o passado, realiza-se sob a inspiração de questões presentes.

Quando dissemos que a tirania é uma invenção grega, não estamos sugerindo, é claro, que os gregos tenham sido o primeiro povo na Antiguidade a ser governado por apenas um homem, muitas vezes com recurso ao uso da força e a exclusão de toda oposição. Deste ponto de vista, sabemos perfeitamente que a grande invenção grega foi a do espaço público ou, mais genericamente, da política; e que, entre os regimes que caracterizaram essa experiência inovadora, a democracia é certamente o mais importante e original[2]. Falar, portanto, em invenção da tirania corresponde, em primeiro lugar, a afirmar o que já sabemos e que constitui o núcleo de uma boa parte dos estudos sobre a política na Grécia[3]. Mas, se essa afirmação tem algo de banal, serve também para delimitar o campo de nossos problemas e preocupações. Com efeito, se estamos afirmando que a tirania faz parte do processo de invenção da política pelos helenos, é preciso reconhecer que isso não esclarece o papel e a importância que teve para esse desenvolvimento. De imediato, devemos mostrar o que a diferencia dos regimes monárquicos gregos e dos diversos governos que marcaram o Oriente Próximo e que certamente tiveram influência sobre a vida política grega.

Um primeiro ponto: não estamos preocupados com uma análise das instituições, mesmo que seja possível através delas descobrir semelhanças e diferenças com outras experiências políticas contemporâneas. A tirania nos interessa enquanto parte da história de criação de uma nova forma de vida, e, nesse sentido, não acreditamos que sua novidade possa ser contestada. Mas, assim como o processo de consolidação da imagem que os atenienses tinham da democracia foi lento e complexo, também no caso do tirano podemos esperar um longo período de maturação, que acompanha de perto a aventura do gênio grego na criação de instituições, de sua representação e da teoria que as explicava. Quando falamos de invenção do tirano, estamos, portanto, nos referindo a uma forma de governo, mas também, e sobretudo, à teoria que a explicava. É essa aventura de pensar o tirano e de inseri-lo no conjunto das sucessivas revoluções pelas quais passou a cultura grega ao longo de alguns séculos que constitui nosso objeto ao longo deste livro.

1.1. O APARECIMENTO DO TIRANO

Os especialistas divergem quanto ao local da primeira aparição de um tirano, situando-a por vezes na Jônia, por vezes em Corinto

(Mossé 1969). O certo, no entanto, é que no século VII a.C. a tirania já era uma forma de governo conhecida pelos gregos e inscrita nas possibilidades de solução das diversas crises pelas quais passavam as cidades. Antes, porém, de falar das causas de sua aparição, vamos nos dedicar ao aparecimento da palavra "tirano".

Segundo Andrewes, por um acaso feliz, é-nos possível dizer com razoável grau de segurança que o vocábulo "tyrannos" foi empregado pela primeira vez na literatura por Arquíloco (Andrewes 1957), quando, referindo-se ao usurpador do trono lídio, afirma: "Não me preocupo em ter a fortuna de Gyges, não sou invejoso, não tenho ciúme do trabalho dos deuses e não desejo uma grande tirania" (Arquíloco, frag. 25, *apud id., ibid.*: 23). Se o nome Gyges refere-se efetivamente ao usurpador do trono lídio, é possível que o vocábulo tenha sua origem na Lídia, mas não possuímos evidências suficientes para dizer se nesse caso significava usurpador. Seja como for, no século VI a.C. a palavra já se popularizara, o que é mostrado pelo fato de que Sólon a utiliza de forma explícita e direta, sem medo aparente de não ser compreendido. A partir daí, é possível detectar seu uso em praticamente todos os escritores políticos. Isso não implica, no entanto, que todos o utilizem da mesma maneira e para significar a mesma coisa. Aliás, nossa pesquisa não teria sentido se "tyrannos" não fosse uma dessas palavras cujo uso não é jamais ingênuo na literatura grega e não tivesse sido usada para os mais diversos propósitos dentro do longo processo de construção dos vários discursos políticos. Se na prosa o significado negativo da palavra aparece como natural, é possível mostrar que os autores trágicos muitas vezes simplesmente põem "tyrannos" onde poderiam ter escrito "basileus" (Andrewes 1957: 23), sem, portanto, acrescentar uma significação negativa.

Para compreender essa hesitação inicial, é preciso lembrar que no começo "tyrannos" não era empregado como um título e a tirania não era uma constituição ou uma posição oficial (*id., ibid.*: 25). Assim sendo, a consolidação do caráter negativo do termo é ela mesma dependente da evolução do pensamento político, e cometeríamos um engano ao supor que a priori conhecemos nosso objeto de estudo pelo simples fato de que a tradição ocidental consagrou definitivamente uma imagem que levou séculos para se consolidar no imaginário grego. Dizer de alguém que ele era tirano podia significar simplesmente que detinha o poder, mas não necessariamente que era um mau governante, pelo menos nos primeiros tempos de uso da palavra (Andrewes 1957: 25).

Embora não seja nosso objetivo estudar a história da tirania, é interessante observar em que medida alguns fatores favoreceram seu aparecimento. Como resume Mossé: "Se procuramos determinar os fatores que contribuíram para o desenvolvimento da tirania, parece que podemos distinguir duas séries, que derivam de uma origem comum: os progressos técnicos realizados no mundo grego entre o IX e o VII a.C. séculos e que tiveram importantes repercussões, de um lado no domínio da produção e da vida econômica, de outro lado no domínio militar" (Mossé 1969: 3).

No que diz respeito ao fator econômico, é preciso observar que deveríamos falar no plural, e não no singular. De fato, a transformação das estruturas econômicas significou uma mudança lenta, mas inexorável, em vários aspectos da vida grega no período citado. Assim, a melhoria da qualidade da cerâmica de algumas cidades importou na abertura de novos contatos comerciais e, em alguns casos, no surgimento de uma preocupação com as trocas, que não existia antes em cidades voltadas para a busca da autossatisfação ou para a guerra. Cidades como Corinto, já no século VII a.C., foram transformadas pelo aumento espetacular de seu comércio com parceiros cada vez mais distantes. Ora, esse novo impulso, junto com a presença necessária de estrangeiros e de novas ideias, terminou pondo em questão as velhas estruturas sociais baseadas na posse da terra (*id., ibid.*: 4). Nesse quadro de crise, mas, sobretudo, em expansão de horizontes, foi possível o aparecimento da tirania, que representava, em alguns casos, uma verdadeira explosão das estruturas sociais arcaicas. Tal associação entre tirania e desenvolvimento comercial é extremamente complexa e não deve ser tomada como uma relação de causa e feito, mas não pode ser descartada, do que, aliás, já sabia Tucídides na Antiguidade (Mossé 1969: 6; Tucídides 1966, I,3).

Além do fator comercial, um outro dado de grande importância foi a crise agrária que atingiu a Grécia já a partir do século VII a.C., e que se encontra refletida nas obras de poetas como Hesíodo. A esse ponto vamos retornar no momento de falar de Sólon.

Por fim, a modificação das condições técnicas da guerra trouxe para o centro da vida das cidades homens que antes eram relegados ao silêncio da vida privada no campo. A criação do exército de hoplitas, com a modificação dos armamentos usados nos combates, mas, sobretudo, com a modificação dos quadros sociais pelo desmoronamento de velhos privilégios da aristocracia guerreira, preparou o terreno para o aparecimento de líderes populares que, prometendo vingança contra a aristocracia, transformaram-se em tiranos (Mossé 1969: 8). Embora não possamos afirmar que tenha existido uma conexão necessária entre o aparecimento do exército de hoplitas e o surgimento das tiranias, a análise de várias tiranias antigas prova que a conexão dos dois fenômenos não é absurda. É isso o que mostra o estudo da tirania de Fidon em Argos[4], quando essa cidade obteve uma certa supremacia militar, resultando na derrota de Esparta, o que é atribuído à adoção do novo tipo de combatentes, que teria permitido a Fidon dirigir a cidade como um tirano, e não mais como um rei (basileus), mesmo tendo chegado ao poder por vias legais e hereditárias.

O que nos interessa, e que Andrewes resume muito bem, é que "o tirano marca uma viragem no desenvolvimento político da Grécia, o momento no qual a velha ordem já tinha desmoronado e uma nova ordem ainda não se tinha estabelecido" (Andrewes 1957: 8). O tirano é, assim, ao mesmo tempo, a causa e o produto de um lento e complexo processo de transformações das estruturas políticas, que resultou na criação de instituições e teorias das quais até hoje somos devedores. Mas esse é apenas nosso ponto de partida, pois nossa preocupação é justamente descobrir como se deu esse processo de inclusão do tirano entre as estruturas fundamentais de poder na Antiguidade e, sobretudo, que papel teórico desempenhou na formação do pensamento político grego.

Para tornar um pouco mais claro o que acabamos de dizer, é necessário recordar que os poemas homéricos referem-se ao rei (basileus) como a uma figura normal e essencial da vida das cidades. Muitos desses personagens, como é o caso de Agamêmnon, exercem seu poder de maneira absoluta, mas isso aparece como uma necessidade intrínseca à época e às dificuldades próprias aos cargos de mando num período em que a guerra e a ameaça de destruição estão presentes o tempo todo. Seja como for, o exercício do reinado não excluía, e até mesmo, ao contrário, exigia, a presença de um conselho, que, sem significar a existência de uma instituição formal, indicava a existência de um canal de comunicação da autoridade real com seus súditos (Andrewes 1957: 12).

Com a introdução de uma série de modificações na vida grega, que vão desde o aparecimento de novas técnicas agrícolas até a expansão das relações comerciais, observamos uma lenta, mas inexorável, modificação das estruturas de poder. Embora não possamos falar de um processo em sentido único, é indubitável que aos poucos a aristocracia foi ocupando parcelas cada vez mais significativas do poder. Atesta esse fato a presença de famílias importantes em várias cidades, como os Eupatridae em Atenas e os Bacchiadae em Corinto, que aos poucos ocupam, muitas vezes em perfeita continuidade, o lugar que antes era dos reis e de seus herdeiros (*id., ibid.*). Os "aristoi" eram governantes que se sentiam no direito de sê-lo pela simples filiação a um ramo familiar ou a uma suposta história gloriosa, que os ligaria diretamente aos deuses. Como mostra Andrewes: "A força da aristocracia residia não somente no monopólio da máquina política, mas numa reforçada posição nas estruturas sociais e religiosas do Estado" (*id., ibid.*).

Se a transição para essa nova ordem pôde ser feita em grande medida pela falência das monarquias absolutas e pela conservação de privilégios, que já existiam anteriormente, da mesma forma que pela incorporação da figura do rei, como em Esparta, na vida política da cidade, ela abriu as portas para uma disputa que estava latente anteriormente, mas não encontrava espaço para se manifestar. Com efeito, o domínio dos aristocratas coincidiu com a crise agrária e a expansão comercial. Assim, de um lado, novos detentores de poder econômico passaram a aspirar a uma parcela maior de poder político; de outro lado, uma fatia importante da população viu-se às voltas com a miséria e com a impossibilidade de fugir de sistemas de coerção e punição que foram sendo percebidos cada vez mais como injustos. Nesse contexto, foram criadas, junto, é claro, com um complexo conjunto de fatores, as condições para o aparecimento de novas experiências políticas. A democracia e a tirania foram certamente as mais radicais.

Mas, para chegar a novas formas de governo, é preciso reconhecer que, além de modificações políticas e econômicas, importantes modificações culturais ocorreram paralelamente. Entre essas, as transformações na representação que os gregos tinham da autoridade, da virtude e da justiça foram as mais importantes, pois permitiram formular na linguagem poética, ou mais tarde teórica, o que estava sendo vivenciado em diversos níveis. Com isso, não estamos nem de longe propondo uma análise das transformações que estão na origem das tiranias, baseada na ideia de sobredeterminação, ou mesmo buscando uma explicação causal restrita para o fenômeno que nos interessa. Estamos simplesmente dizendo que houve uma mudança essencial tanto na vida econômica e política quanto na maneira como os gregos pensavam a organização social e política e nos valores com os quais a julgavam e que, sem esse conjunto de fatores, não teria havido espaço nem para a experiência democrática, nem para a tirania, tal como ela apareceu na Grécia.

No terreno dos valores, que nos interessa de perto pelo próprio objeto de nosso estudo, podemos dizer que a crise da aristocracia e a formulação de novos valores e soluções foram a consequência da explosão de um mundo mental altamente complexo e bem elaborado: o mundo homérico. Homero não desapareceu da cultura grega nos séculos VI e V a.C., e muitos de seus ensinamentos tiveram grande impacto na construção da democracia. O certo, no entanto, é que se sua influência foi duradoura, sobretudo no plano educacional, a descrição que o grande poeta fazia da vida das cidades deixou de corresponder e de espelhar a experiência concreta da maioria delas e abriu espaço para novas representações e, consequentemente, para intensos questionamentos[5].

O mundo homérico correspondia a uma comunidade estruturada em torno de um pequeno núcleo de habitantes em constante conflito com outras comunidades e por isso em grande dependência da ação guerreira. Os poemas descrevem um mundo no qual não há moeda e um grande valor é atribuído à posse da terra e de bens como casas e mesmo produtos agrícolas (Adkins 1972: 13). Na verdade, toda a estrutura narrativa está baseada numa série coerente de valores, que encontram no "agathós" seu lugar natural de realização. Mas o que era um "agathós" para Homero? Nas palavras de MacIntyre: "Fazer aquilo que o meu papel exige, fazê-lo bem, utilizando as habilidades necessárias para fazer aquilo que alguém naquela posição deve aos outros, é ser 'agathós'. 'Agathós' se traduz por bom e 'areté', o substantivo correspondente, por excelência ou 'virtude'; mas uma vez que originalmente ser 'agathós' é ser bom naquilo que o próprio papel exige, e uma vez que o papel primário e mais importante é o do rei-guerreiro, não é de surpreender que 'areté' nomeie originalmente a excelência desse rei" (MacIntyre 1991: 26).

Num mundo baseado fundamentalmente no culto da virtude guerreira, na honra e na amizade (Adkins 1972: 18) sobrava pouco espaço para o que Homero designava como "kakos", o que não cumpria com sua obrigação ou não possuía os meios e a posição para aspirar a tanto. Assim, os homens dividiam-se de maneira absoluta entre os que desejavam cumprir seu papel e aqueles cujo papel não tinha a menor importância para a perpetuação da cidade. É claro que desses pressupostos foram deduzidos valores e uma certa concepção da sociedade, que estamos longe de poder analisar aqui. O que nos interessa nessa descrição sumária é o fato de que ela aponta para as raízes justificativas do papel social da aristocracia, que pouco a pouco foi assumindo o governo das principais cidades gregas. Se a proximidade com os deuses, o senso profundo da honra e da destinação da própria vida (moira) constituíam em Homero uma lógica da ação voltada para o sucesso e para a vitória, os aristocratas, acreditando-se os melhores (aristoi), pensavam-se como uma família de "agathoi", guardando ou reivindicando para si todos os direitos associados pela tradição a essa condição.

No mundo real, a oposição entre "agathós" e "kakos" ganhou contornos trágicos na medida em que condenava para sempre os que não possuíam bens ou uma boa origem familiar ao desprezo e muitas vezes à miséria. Hesíodo, permanecendo em muitos aspectos prisioneiro dos valores de Homero, expõe com clareza a situação na qual se encontrou provavelmente sua própria família ao perder as terras e, consequentemente, a posição política (MacIntyre 1991, cap. 3). O fato é que, ao lado dessa exaltação dos valores próprios da aristocracia guerreira, uma certa tradição de pensamento antiaristocrático foi se consolidando na Grécia a partir de Hesíodo, mas, sobretudo, de Arquíloco (Donlan 1973; Assunção 1992).

O tirano, assim como a democracia, nasceu do confronto entre uma parcela considerável da população, que se sentia excluída e que pagava por isso, e as diversas famílias aristocráticas, que de formas muito diferentes, mas sempre baseadas no princípio da diferença, exerciam o poder nas mais importantes cidades. Não podemos falar de um processo único, ou mesmo de acontecimentos que guardam entre si um estrito nexo causal; o certo, no entanto, é que a tirania apareceu muitas vezes como uma solução, ou um desdobramento necessário de uma crise, que ameaçava a própria sobrevivência das cidades.

Para ficar claro, no entanto, que não estamos baseando nossas análises em pressupostos determinísticos, vale a pena relembrar, ainda que brevemente, a experiência espartana[6]. De fato, Esparta foi objeto de críticas e admiração na Antiguidade, tendo o caráter original de suas instituições chamado a atenção de quase todos os escritores que se preocuparam com a política. O sistema, supostamente erigido por Licurgo, estabeleceu bases para uma experiência de vida associativa que, se não foi única, teve na cidade seu mais alto desenvolvimento. Os espartanos baseavam sua vida comunitária, em primeiro lugar, numa educação estrita dos jovens, que ficava a cargo do Estado e que durava até 21 anos. A partir desse treinamento, que tinha um caráter disciplinador e militar, o cidadão se incorporava plenamente à vida pública, que tinha por objetivo principal a preservação da cidade e estava calcada num profundo sentimento igualitário. Os espartanos adultos faziam suas refeições juntos, construíam casas segundo normas estritas, que proibiam qualquer manifestação de luxo, e tinham um acesso à terra razoavelmente equilibrado, ainda que não possamos falar propriamente de distribuição igualitária (Andrewes 1957: 67 e ss.).

O aspecto que nos interessa mais de perto na vida espartana é sua constituição. Já foi demonstrado que não podemos atribuí-la a apenas um legislador, mas que, ao contrário, é inteiramente pertinente falar de uma história institucional, que conheceu as mais diversas fases e descobriu soluções para problemas bem concretos (Andrewes 1957: 68-77). Seja como for, para usar a expressão de Andrewes, Esparta teve a primeira constituição de hoplitas da Grécia Antiga (*id., ibid.*: 75). Isso implicava que a soberania efetiva se encontrava na assembleia, a qual cabia se manifestar sobre os assuntos mais importantes para a cidade. Ao lado desse órgão geral, havia o conselho dos anciãos (gerousia) e dois reis, que perpetuaram sem dúvida uma instituição anterior à obra legislativa de Licurgo. Essa constituição, que provocará a admiração de Platão e tantos outros autores, foi provavelmente a primeira a poder ser chamada de constituição mista, por incorporar no poder as diversas parcelas da população de maneira equilibrada. A tradição republicana, da qual Maquiavel seria mais tarde um dos maiores representantes, faria desse sistema um modelo de resistência ao tempo e de solução para os conflitos que dividem todas as cidades.

Para nosso propósito, importa observar que a constituição de Esparta deu solução a problemas que estão na origem das crises políticas do século VI a.C., completamente diferentes das que constituem o objeto de nosso estudo. Esparta resolveu o problema da terra sem avançar no sentido da democracia, assim como promoveu uma crítica da aristocracia sem recorrer ao tirano. É essa dimensão antiaristocrática de sua constituição que mais chama nossa atenção. Se recorremos a seu mais importante poeta – Tirteu –, descobrimos o quão forte foi para os espartanos a recusa dos valores aristocráticos tradicionais e como foi possível formular um espaço público inteiramente diferente, a partir da exaltação do guerreiro, que defendia antes de tudo sua cidade e não apenas seu nome ou sua família. Em um dos fragmentos conservados pelo orador ateniense Licurgo, diz o poeta:

"Para um homem de coração é belo morrer
por seu país, lutando nas primeiras fileiras.
Aquele que foge de sua fazenda com seus velhos pais,
com sua mulher e seus pobres pequenos,
e vai mendigar seu pão no estrangeiro,
Infeliz! Ninguém lhe presta ajuda.
Deixando sua boa terra e seus muros bem construídos,
Ele e os seus, grupo frágil e detestado,
Desonrando sua raça, assujeitados, ultrajados,
Morrerão todos com ignomínia.
Assim, que cada um combata, armado do ferro cortante,
Por sua cidade, seus filhos, seus campos! (...)
(Yourcenar 1979: 55).

Esparta, com sua recusa dos valores aristocráticos tradicionais, ou melhor, com a transformação desses valores em uma lógica do guerreiro hoplita e não mais na afirmação de pretensos privilégios de poucas famílias, com sua solução precoce do problema da terra, com sua recusa da moeda e de novos métodos comerciais, nos ajuda a compreender o caráter de invenção da tirania. Invenção que não pode ser chamada de necessária, mas que terá um papel importante no desenvolvimento das cidades, que não souberam, ou não puderam resolver as crises provocadas pelas profundas mudanças que ocorreram na Grécia ao longo dos séculos que ligam a época de Homero ao século de Sólon. A alternativa espartana à tirania prova antes de mais nada que nosso ponto de partida é pertinente e que o tirano é uma criação grega, que acompanha a aventura de descobrimento da política, que não podemos acreditar determinada de antemão por nenhuma série de fatores.

1.2. SÓLON, O ANTITIRANO

A tirania não apareceu em Atenas senão numa época relativamente tardia em relação a várias cidades gregas, e seus tiranos mais famosos não o foram por terem encampado os traços mais marcantes do tirano grego, mas, talvez, pelo motivo contrário: não apresentarem as características que a tradição consagraria como típicas da tirania. No entanto, o estudo de suas figuras mais marcantes no século VI a.C. e das repercussões que suas ações tiveram na literatura e na vida política é essencial para nossos propósitos, exatamente porque se trata de uma experiência sobre a qual podemos falar não somente a partir do registro dos historiadores – nem sempre uma fonte segura para esse período da história grega –, mas também a partir da poesia e de reflexões que nos conectam diretamente com as tragédias e a filosofia, que constituirão nosso objeto de estudo nos próximos capítulos.

Seja como for, Atenas viveu por volta do final do século VII a.C. uma crise típica das sociedades aristocráticas de então, que se confrontavam ao mesmo tempo com os efeitos benéficos da expansão comercial e da colonização e com as tensões geradas pela escassez da terra e pelo endividamento frequente dos pequenos produtores. De um lado, um grupo importante de homens, que haviam enriquecido graças ao comércio e que não possuíam nem os mesmos hábitos, nem as mesmas aspirações da aristocracia, começou a sentir que sua exclusão do poder era injusta e perniciosa para seus negócios (Andrewes 1957: 80-1). De outro lado, os pequenos fazendeiros levavam uma vida cada vez mais dura, causada pela falta de terras, pela baixa produtividade e por legislações que permitiam, como em Atenas, a escravização devido à falta de pagamento de dívidas atrasadas.

Do ponto de vista político, os Eupátridas, família constituidora da aristocracia da Ática, detinham o poder de maneira ampla, ainda que constituíssem um grupo menos restrito que o de outras famílias aristocráticas da época. A primeira tentativa de instaurar uma tirania em Atenas parece ter ocorrido por volta de 632 a.C., por intermédio de Cilon, que, tendo-se casado com a filha de um tirano megárico, apossou-se da Acrópole com tropas fornecidas por seu sogro, mas não obteve o apoio popular, por razões difíceis de serem reconstituídas, e assim fracassou em sua tentativa (*id., ibid.*: 84).

O que nos interessa, no entanto, é menos o fracasso de Cilon, e mais as condições que precederam o arcontado de Sólon e o aparecimento do discurso ateniense sobre a tirania. Nesse sentido, é importante frisar que, no começo do século VI a.C., Atenas parecia uma cidade à beira de um conflito generalizado, uma vez que o Código de Dracon pouca satisfação dava às partes em luta. De maneira genérica, podemos dizer que o terreno era fértil para o aparecimento de uma tirania, que em outras cidades gregas se nutria exatamente da impossibilidade de um acordo entre a aristocracia, dona da terra e de todos os privilégios políticos, e os pequenos proprietários, novos comerciantes e camponeses, que aspiravam a ver-se livres do risco da servidão ou de um sistema de poder que os excluía inteiramente. Para nós, é importante insistir na distinção entre as condições para o aparecimento da tirania e as condições para o surgimento de um discurso sobre a tirania. Atenas é paradigmática por ter reunido as duas condições na época de Sólon, e por nos ter legado o primeiro discurso escrito sobre a tirania e a possibilidade de seu aparecimento.

É claro que não podemos dizer que Sólon interessa à história do pensamento político sobretudo por sua oposição à tirania. O fato de que ele esteja na raiz da democracia grega é certamente mais importante do que o estudo que estamos empreendendo, mas acreditamos que as duas coisas não estão separadas e, ao contrário, fazem sentido juntas. Para estudá-las vamos recorrer a uma das fontes mais importantes da Antiguidade sobre a vida de Atenas: *A Constituição de Atenas*, de Aristóteles[7]. Esse texto é fundamental não só por ter guardado muitas das poesias políticas de Sólon, mas, sobretudo, por relacionar o aparecimento das instituições solonianas com a experiência posterior da tirania ateniense. Além do mais, ainda que nosso objetivo não seja traçar uma gênese do conceito de tirania, não deixa de ser relevante o estudo do impacto que a figura de Sólon provocou nos grandes pensadores políticos dos séculos posteriores.

No texto aristotélico, a primeira referência a Sólon ocorre junto com a descrição do estado de conflito agudo que dominava a vida ateniense e que, separando de maneira radical os pobres dos nobres, expunha Atenas ao risco do desaparecimento. Aristóteles cita, para ilustrar a situação, um verso do próprio Sólon: "Eu sei e, no meu peito, meu coração está aflito, pois vejo assassinada a mais antiga terra da Jônia" (Aristóteles 1952, V, 2). Fica claro, portanto, desde o início, que Sólon foi chamado para tentar acalmar uma disputa, que não mais podia ser contida nos quadros constitucionais, sem levar a uma guerra interna de terríveis consequências. É de se observar que Aristóteles fala do perigo sem detalhá-lo, e que Sólon parece apostar na pura e simples possibilidade de dissolução, quando recomenda aos ricos e nobres controlar a arrogância e a violência (*id.*, *ibid.*). Além do mais, o texto afirma, no que é seguido pelas outras fontes referentes a Sólon, que os atenienses o escolheram para elaborar uma nova constituição, e isto indica que acreditavam ser este o melhor caminho para evitar a catástrofe de uma guerra civil.

Nesse momento, a tirania não é nomeada como o perigo mais imediato, e podemos supor que, ainda que bem conhecida por outras cidades gregas, não povoava o imaginário dos atenienses a ponto de levá-los a desejar um novo legislador. O medo de uma luta infinita entre as partes, sobretudo do ponto de vista dos aristocratas, parecia mais real e mais imediato.

Nem todas as reformas empreendidas por Sólon interessam para nossos propósitos, mas é certo que as modificações que introduziu no sistema de exploração da terra e na divisão do poder são essenciais com vista à formulação de uma política que está na raiz da democracia grega e que, ao mesmo tempo, fornece uma matriz poderosa para a compreensão do fenômeno da tirania em Atenas. Assim, a primeira medida foi a de abolir as dívidas, públicas e privadas, que levavam à escravização, ao mesmo tempo em que proibia que no futuro tal fato viesse de novo a ocorrer. Tendo alguns nobres se beneficiado da abolição das dívidas para comprar novas terras, Sólon foi acusado de se servir ele mesmo de tal expediente para enriquecer. Aristóteles observa a esse respeito: "No entanto, a versão democrática é mais digna de fé, pois não é verossímil que Sólon, que em suas outras medidas se mostrou moderado e imparcial ao ponto de ser odiado pelos dois partidos e que preferiu a honra e a salvação do Estado à própria grandeza, ele que poderia submeter a todos à sua autoridade e se transformar no tirano de Atenas, tenha se sujado em negócios tão pequenos e visíveis" (Aristóteles 1952, VI, 3). O que nos interessa é menos o caso em si, mas o fato de Aristóteles acreditar que Sólon encontrava-se na posição perfeita para se transformar em tirano. Ora, nesse ponto do texto tal afirmação deve ser creditada ao Estagirita e não a Sólon, mas o importante é que Aristóteles associe o poder legislativo à possibilidade da tirania e que faça de Sólon o paradigma do antitirano.

    Seja como for, a ideia de que, ao se transformar no legislador, ao tentar resolver os problemas da cidade concentrando todo o poder em suas mãos, Sólon tenha criado as condições necessárias para a tirania, abre um espaço à compreensão do fenômeno, que não podemos desprezar, se quisermos entender como o governo violento de um só veio a fazer parte não só da vida política grega, mas ocupou um lugar de destaque na formação do pensamento político. Resta saber, é claro, em que medida Sólon participou desse movimento e partilhou as opiniões de Aristóteles, que parece insistir nessa tese ao completar suas afirmações: "E ele tinha certamente o poder que aleguei: a situação tumultuada serve de testemunha e ele mesmo o recorda em suas poesias, assim como todos os outros autores" (Aristóteles 1952, VI, 4).

    Antes de passar à análise de alguns poemas de Sólon, vale a pena relembrar algumas de suas medidas, para entender a singularidade da posição que ocupou na Atenas do século VI a.C.. Sólon, depois de ter resolvido a questão das dívidas e da escravização dos pequenos camponeses, criou uma série de instituições, que mudaram radicalmente a face da cidade. Para nossos propósitos, as mais importantes dizem respeito à divisão da cidade em quatro classes: os "pentakosiomedimnoi" (possuidores de uma renda elevada), os "hippeis" (cavaleiros), os "zeugitai" (hoplitas) e os "thetes" (trabalhadores). A origem dos nomes que designavam as classes não pode ser tomada como uma referência direta às suas atividades ou origem, mas mais provavelmente à fortuna ou posição relativa no corpo social. Tendo reservado o poder político às três primeiras, Sólon, no entanto, não excluiu inteiramente os "thetes" da vida pública, na medida em que podiam recorrer aos tribunais e mesmo votar em medidas importantes. Ao lado dessa divisão da cidade em classes que alteravam profundamente as estruturas tradicionais de poder, ele modificou ainda os tribunais e as principais magistraturas, dando a Atenas a feição de uma cidade aberta aos novos tempos e, por isso mesmo, sujeita a novos conflitos. No sentido da criação do espaço democrático, Aristóteles resume assim suas medidas: "Parece que nas atividades políticas de Sólon estas sejam as três medidas mais democráticas: primeiro, o que é mais importante, a interdição de se tomar as pessoas como garantia para os empréstimos; depois, o direito conferido a cada um de intervir na justiça em favor de uma pessoa lesada; enfim, a medida que deu mais força ao povo, o direito de apelar aos tribunais; pois, de fato, quando o povo é senhor do voto, é senhor do governo" (Aristóteles 1952, X, I).

Talvez Aristóteles exagere a importância do aspecto democrático da atividade legislativa de Sólon, mas é inegável que ele abriu as portas para as reformas do século seguinte e, sobretudo, estabeleceu novos parâmetros para a vida política da cidade, que, afetada por novas condições econômicas e sociais, não mais cabia nos estreitos limites da divisão entre a aristocracia e o resto do povo. Nesse sentido, fica difícil entender a posição de Adkins, quando afirma não ter Sólon tentado alterar a separação entre "agathoi" e "kakoi", típica do mundo homérico, mas apenas contemplar na nova constituição as alterações econômicas e políticas resultantes dos conflitos entre grandes proprietários e novos comerciantes e camponeses arruinados (Adkins 1972: 52). Não resta dúvida de que Sólon pensava sua própria atividade como uma atividade virtuosa e que a interpretava dentro de quadros de valores que mantinham muito das velhas estruturas de pensamento. Mas não basta, a nosso ver, a recorrência de termos, ou a manutenção de uma determinada maneira de apresentar os problemas, para que possamos afirmar que o velho quadro de valores sobreviveu às importantes modificações políticas introduzidas pelo legislador ateniense. Andrewes tem razão quando mostra que o resultado da reforma soloniana foi a explosão do conflito entre os novos agentes políticos e a antiga aristocracia (Andrewes 1957: 87-8); e não o aumento da pressão popular sob a forma de reivindicações democráticas. O certo é que Sólon soube ver o nascimento dessa nova configuração social, procurou contemplá-la em suas leis e até mesmo fugiu das demandas mais radicais dos novos atores. Os limites de seu pensamento não são mais o virtuoso e o não virtuoso, mas o antigo poder e o que poderia resultar da guerra civil: a destruição ou a tirania.

É no meio do caminho, no meio do campo de batalha, que Sólon se sente e se posiciona: "Eu fiquei em pé, cobrindo os dois partidos com um forte escudo, e não deixei que um deles vencesse injustamente" (Aristóteles 1952, XII, 1). Qual o sentido dessa posição intermediária, desse equilíbrio que protege os dois contendores do desastre que uma vitória poderia provocar? Nicole Loraux, em um texto dedicado à questão (Loraux 1984), observa que Aristóteles tentou pensar essa posição intermediária a partir de sua própria filosofia, fazendo de Sólon o homem de classe média de que tanto fala em suas obras políticas, ocupando sozinho o lugar que pertence a uma classe (*id., ibid.*, p. 199). "Ele é árbitro e como em toda cidade escolhe-se como árbitro um homem de posição média, o Sólon de Aristóteles pertence de fato à classe média, por sua fortuna e não por seu nascimento, e, essa conclusão que a teoria impõe, o filósofo estima que se verifica por si mesma na obra poética do legislador" (*id., ibid.*: 200). Mas, como observa Loraux, tal afirmação esbarra no fato de que o modelo de equilíbrio sugerido por Sólon, o "méson", tem na guerra sua inspiração, e não no debate político na praça, que só surgirá mais tarde (*id., ibid.*: 201). Sólon é, portanto, o guerreiro que retém os dois exércitos dentro de limites estreitos e, por isso, deve ter uma posição ainda mais sólida, pois não se trata de conter um exército estrangeiro, mas de evitar as consequências terríveis da guerra civil (*id., ibid.*: 203).

Seja como for, a guerra civil, a "stasis" tão temida pelos autores clássicos, aparece no texto como algo terrível, capaz de destruir a cidade, mas, ao mesmo tempo, como inevitável, na medida em que os partidos em luta se comportam como dois exércitos. Sólon pretende, assim, evitá-la, por um método que não deixa de ser inusitado: pondo-se no meio do campo de batalha, "como um lobo no meio de uma matilha" (Aristóteles 1952, XII, 4). Como resume Loraux: "Sólon diz claramente o que foi sua ação: não a execução de um programa político moderado, visando a conceder o poder aos cidadãos do meio, mas sim a realização da tarefa impossível, que consiste em se manter sozinho no meio do campo de batalha" (Loraux 1984: 206).

Qual o significado dessa posição inusitada, desse mediador solitário, que se põe como marco e limite para a cidade? Loraux mostra que Sólon sintetiza o domínio do político, pois só nele algo pode não pertencer a alguém, por já pertencer à cidade (*id., ibid.*, XII, 2). Mas esse pertencimento é extraordinário, na medida em que dessa maneira Sólon encarna solitariamente um poder que deve ser da coletividade. Posição de risco, portanto, uma vez que para além de Sólon não há mais limites. Como diz o próprio poeta: "Se um outro tivesse tomado o bastão, um homem perverso e ávido, ele não teria podido reter o povo" (Aristóteles 1952, XII, 4).

No começo da exposição de Aristóteles, ficou claro que Sólon temia a arrogância dos ricos que podiam levar a cidade a uma ruptura fatal. No curso de sua obra legislativa, o poeta percebeu que não eram apenas os nobres que ameaçavam o equilíbrio da "polis". Esse elemento por vezes difícil de ser definido – o povo – também era uma fonte de disputa e fator de desagregação, justamente porque Sólon fizera de importantes parcelas dos cidadãos agentes políticos plenos. É preciso assim saber lidar com as esperanças do povo, guiá-las, para que não se convertam na peça-chave da máquina de destruição das instituições. "O povo seguiria melhor seus chefes, se não lhe fosse deixado livre o cabresto e se não fosse brutalizado, pois a saciedade engendra a desmesura, quando uma grande fortuna cabe àqueles que não possuem a sabedoria suficiente" (Aristóteles 1952, XII, 2).

Reconhecendo o absurdo da condição anterior, dando lugar aos conflitos latentes e existentes na cidade, Sólon expõe o corpo social a si mesmo. Não se trata de deflagrar lutas e disputas, mas de reconhecê-las e de tentar dar uma solução nova para uma guerra que já vitimara muitas cidades gregas. Sólon não descobre antes dos outros que a Grécia mudara e que as velhas estruturas de poder não mais serviam para conter os campos em luta. Sua descoberta de certa maneira é mais radical: ele descobre que os dois exércitos se encontram dentro da cidade e que não existe nenhuma saída fácil e natural para os conflitos que opõem interesses inconciliáveis. Ele ocupa plenamente o lugar do legislador e, assim fazendo, inventa ao mesmo tempo uma nova figura: a do demiurgo, que tem por tarefa evitar o choque das duas metades do mesmo corpo. A figura do demiurgo, do legislador-fundador, fazia parte da cultura grega havia muito tempo. Era sem dúvida uma peça-chave no imaginário grego, servindo muitas vezes como ligação entre a cidade e os deuses. Atenas, aliás, fizera da deusa Atena sua fundadora, garantindo assim uma origem especial, que não podia ser perdida, sob pena de destruir a própria cidade (Loraux 1990). Com Sólon, o lugar do legislador é exposto aos olhos do público com seus encantos e seus perigos. Encantos, porque ele aparece como o centro que irradia vida e coerência à vida coletiva. Perigos, porque aos olhos do público ele é apenas mais uma forma de poder, que pode ser usada para a satisfação dos desejos, que constituem a natureza do homem.

Sólon percebe claramente a radicalidade de sua condição: a do mediador, que não pode escolher uma das facções, mas que deve se manter solitário no meio do campo de batalha (como não cansa de repetir em seus poemas políticos). Sólon é assim o legislador de um novo tipo: distante do mito, pelo conhecimento humano que tem das coisas da política; distante dos homens, que não sabem visar a coisa pública senão do ponto de vista da particularidade. Posição, como mostra Loraux, quase insustentável, pois "há poucos homens providenciais, que assumem o poder resistindo ao desejo de confiscá-lo em proveito próprio" (Loraux 1984: 213). Consciente da grandeza e da dificuldade de sua posição, coerente com sua própria descoberta, depois de ter terminado sua obra legislativa, ele deixa Atenas, como relata Aristóteles: "Quando Sólon terminou a constituição, como já disse, como era atormentado pelos que vinham seja criticá-lo, seja interrogá-lo, e uma vez que não queria nem mudá-la, nem permanecer para ser detestado, ele empreendeu uma viagem ao Egito, dizendo que não voltaria antes de dez anos" (Aristóteles 1952, XII, 3).

Sólon descobre que não há convivência possível entre a cidade e o legislador, que as leis devem garantir a continuidade, não os homens. Essa forma de ver a condição do fundador, vai de par com uma formulação nova do lugar que ocupou. De fato, se ele tinha se tornado arconte para tentar resolver conflitos que ameaçavam a cidade, ele soube ver que sua posição não era a de um árbitro comum, mas que ela dava margem a uma ocupação do poder, que era a própria recusa do lugar do mediador. Descrevendo como os que desejavam a partilha da terra o viam, ele dá um passo decisivo: "Eles vinham para a pilhagem com esperanças loucas, e cada um esperava encontrar uma grande riqueza e a me ver, apesar da doçura de minhas palavras enganadoras, desvelar um espírito impiedoso. Pensamentos vãos! Agora, irritados contra mim, todos me olham de lado, como um inimigo. Erradamente me veem, pois o que disse que faria o realizei com a ajuda dos deuses. No que diz respeito ao resto, não agi de forma ligeira e não me agrada fazer algo com uma violência tirânica, nem dar aos bons e aos maus uma parte igual da rica terra pátria" (*id., ibid.*).

A posição do legislador é também a que pode dar origem ao tirano e, mais do que isso, a que os homens do povo esperam que seja usada para a ocupação pessoal do poder. Sólon não descobre o caráter demagógico de muitos dos tiranos da Grécia de seu tempo, nem mesmo que a maioria dependia do apoio do povo, em algum momento, para ocupar o poder. O que descobre é que o povo não consegue fazer a distinção entre o lugar do legislador e o do ocupante solitário do poder. Encarregado de legislar, ele passou a ocupar imediatamente uma posição central na cidade, mas uma posição que soube ver que deve permanecer vazia. Como diz Loraux: "Ela deve ser vazia no sentido de que não é propriedade de ninguém, facção ou indivíduo; mas, como a 'stasis' ameaça sempre, é necessário evitar que esse vazio atraia os desejos imoderados, despertando a guerra adormecida ou dando origem a um tirano" (Loraux 1984: 213).

    Legislador, Sólon frustra as esperanças do povo por não se tornar tirano. Fundador do imaginário igualitário, que dará nascimento à democracia do século seguinte, ele soube ver nos conflitos de sua época a origem concreta dos tiranos. Mas a importância de sua obra vai muito além, pois, ao se transformar no legislador democrático, ele descobriu que seu gesto inscrevia na vida política, no mesmo ato, a figura do tirano. Não se tratava é claro de identificar no meio de uma galeria desconhecida a figura tão temida da vida política grega. Os poemas de Sólon, nesse sentido, pouca influência tiveram, ou poderiam ter tido, uma vez que o tirano já era um personagem importante da história recente da Grécia. O que ele fez foi dar-lhe consistência teórica, descobrir sua raiz profunda nos atos fundadores das novas sociedades e não apenas nos golpes fortuitos de esperteza de governantes inescrupulosos. Com ele, ficou explícito que a aventura que levaria à constituição da democracia trazia inscrita o risco da tirania, sem que se pudesse servir dos desejos opostos da cidade para evitar o perigo ou mesmo denunciá-lo. Num certo sentido, e numa direção que nos interessa em particular, podemos dizer que com Sólon assistimos à invenção do tirano, ou, se preferirem, à invenção do conceito de tirania e sua inscrição definitiva na reflexão política. Excepcional é que o legislador parece ter se dado conta sozinho desse fato, e por isso tenha se posto com tanto vigor no meio da batalha, a igual distância dos contendores, que pela parcialidade de suas condições não podiam compreender plenamente a ação de um verdadeiro legislador, mas apenas os desejos desvairados de um possível tirano.

    A história posterior de Atenas demonstrará, como veremos a seguir, o quanto ele estava certo em suas preocupações. Sua descoberta marcará, ainda que por vias indiretas, de maneira definitiva o pensamento grego, que não mais se libertará do problema do tirano e dos limites nos quais ele nos confronta.

1.3. A HISTÓRIA E OS HISTORIADORES

As reformas levadas a cabo por Sólon resolveram de forma parcial os problemas de Atenas. Ainda que não tenhamos informações detalhadas sobre o período, o certo é que o desenlace das lutas internas, alguns anos depois, nos leva a acreditar que, após a partida do legislador para o estrangeiro, os diversos partidos continuaram a se bater, agora dentro de um quadro institucional diferente, que, num certo sentido, dava ainda maior liberdade para as disputas. Trinta e um anos depois da partida de Sólon e com ele já de retorno à casa, Atenas teve sua primeira experiência com a tirania, em 561 a.C.

Pisístrato passava então por ser um grande defensor da causa democrática, nas palavras talvez um pouco anacrônicas de Aristóteles. Aproveitando-se de algumas confusões e utilizando-se do velho método de se ferir para acusar os adversários, ele pediu ao povo que lhe concedesse uma guarda pessoal, o que foi aceito (Aristóteles 1952, XIV). Para compreender a situação, é preciso lembrar que Pisístrato pertencia ele mesmo aos meios aristocráticos, mas isso não implicava sua adesão aos partidários da velha aristocracia. No seu caso particular, ocorria exatamente o contrário, pois sua força vinha do apoio popular e de sua reputação militar. É claro que não podemos dar aos termos significados precisos, sobretudo porque nossas principais fontes de informação, datando de períodos posteriores, utilizaram termos que serviam para os leitores de seu tempo, mas que hoje podem estar na origem de confusões e desentendimentos. Seja como for, o que nos interessa é seguir de perto o aparecimento da tirania em Atenas e suas repercussões nos diversos discursos que nos falam da época.

A primeira coisa que chama a atenção é a oposição frontal de Sólon aos projetos de Pisístrato. Como nos relata Aristóteles: "Dizem que Sólon, quando Pisístrato pediu a proteção de uma guarda, se opôs à medida dizendo que era mais sábio que alguns e mais corajoso do que outros. Mais sábio do que os que não viam que Pisístrato aspirava à tirania e mais corajoso do que os que sabiam, mas se calavam" (Aristóteles 1952, XIV, 2). A oposição de Sólon de nada adiantou, e Pisístrato se transformou no tirano de Atenas sem, no entanto, molestar Sólon, ou mesmo governar de forma violenta, pelo menos da forma como faziam outros tiranos da época. Seu governo se estenderá por um longo período, até sua morte, mas ele exerceu o poder apenas por dezenove anos, tendo sido expulso de Atenas e retornado várias vezes. Vamos deixar de lado, no entanto, a análise dos detalhes históricos de sua atuação, assim como da de seus filhos, para tentar desvelar o significado que essa experiência ateniense teve para a consolidação do conceito de tirania como um dos polos importantes da reflexão política[8].

Do ponto de vista de Sólon, sua oposição à tomada do poder de Atenas por um homem só, e a lucidez que demonstrou na ocasião, apenas confirmam, a nosso ver, a sabedoria que já manifestara antes ao recusar ocupar ele mesmo a tirania. A insistência com a qual retornou à questão em suas poesias demonstra que não via as coisas apenas como a decorrência de um poder, ou de uma influência pessoal, que poderia ter se transformado em poder tirânico. A intuição central de Sólon não diz respeito, portanto, apenas a uma análise correta da chance que teve de ocupar sozinho o poder, ela interessa por ter lançado as bases para uma verdadeira teoria sobre a tirania. Sólon soube perceber que a tirania não decorria simplesmente dos golpes de astúcia, ou de força, que em determinadas situações podiam guindar alguns homens a uma posição de poder solitária. Ele viu que as crises pelas quais passava a sociedade grega, ao mesmo tempo em que apelavam para a sabedoria de um legislador, deixavam abertas as portas para experiências novas de mando, que não estavam contidas nas formas tradicionais de embate e conflito da Grécia arcaica. Sólon não descobre a tirania, descobre sua origem no ato mesmo de fundar novas leis e, assim, torna-se capaz de diferenciá-la do poder dos reis, ou da aspiração aristocrática de concentrar o mando em suas mãos. Enquanto alguns de seus contemporâneos viam no tirano uma solução para a ameaça aristocrática, ele soube detectar o perigo contido num poder que se distancia ao extremo da cidade, na medida em que identifica a lei com a vontade do governante. Ora, a força da reflexão de Sólon está no fato de que ele soube ver que o tirano, na origem, deseja o poder para si, mas não necessita recorrer a meios extraordinários para consegui-lo, pois, ao tomar partido nas lutas intestinas, ele recebe muitas vezes da própria cidade, como foi o caso de Pisístrato, os meios para executar seus planos. Por isso se justificavam os temores de Sólon, quando ocupava o lugar do legislador. O legislador e o tirano recebem da cidade a tarefa de solucionar crises, que não foram provocadas por eles, mas que dilaceram o corpo social. Desse ponto de vista, ambos são vistos como mediadores, que, para alcançar seus objetivos, dependem de poder excepcional. A falta de clareza dos homens quanto à especificidade desse momento faz com que não sejam capazes de diferenciar o desejo de poder da vontade de criar leis superiores e, por isso, não percebam claramente quando uma vontade tirânica se manifesta na "polis" travestida pela aura do mediador. Sólon foi solitário em suas percepções, mas não resta dúvida de que teve um papel decisivo na consolidação da imagem do tirano na cultura grega.

Seu aparente fracasso em convencer seus concidadãos deveu-se em parte às próprias características da sociedade ateniense, que, dividida, aspirava a encontrar uma solução duradoura para seus conflitos e, assim, aceitou parcialmente a tirania de Pisístrato, ainda que não tenha deixado de lutar contra ela ao longo dos 33 anos que separaram a morte do tirano e a primeira vez que ocupou o poder. Um aspecto importante dessa ambigüidade da relação das diversas facções, em particular do "demos", deveu-se à própria especificidade do governo de Pisístrato. Como nos mostra Aristóteles, Pisístrato não se mostrou violento ou cruel em seu governo. Ao contrário, soube conquistar a simpatia popular ao ajudar os pobres e agir com moderação nas coisas da cidade, aceitando até mesmo ser chamado pela justiça para se defender (Aristóteles 1952, XVI). Além do mais, a política interna do tirano favoreceu o desenvolvimento da cerâmica, e com isso aumentou consideravelmente a renda de algumas camadas da população, criando espaço para o surgimento de um "demos" urbano, ainda que tenha se apoiado, para manter o poder, no "demos" rural. Do ponto de vista institucional, o tirano não destruiu inteiramente a obra de Sólon, permitindo a Atenas uma certa estabilidade política durante o período de seus diversos governos (Mossé 1969: 67-78). Além do mais, Pisístrato foi atento para as coisas da religião, construindo novos templos e elevando deuses ligados ao campo, como foi o caso de Dionísio, à altura dos deuses da cidade. É verdade que seus filhos praticaram uma política mais dura com relação a seus adversários, mais próxima da dos outros tiranos gregos. Isso não alterou, no entanto, o fato de que Atenas conheceu uma tirania diferente da das outras cidades e que teria outros desdobramentos em sua história.

Quando Esparta interveio, pondo fim ao domínio dos tiranos atenienses, as condições políticas haviam sido totalmente transformadas em Atenas. Como observa Mossé: "A queda da tirania não podia significar o retorno ao funcionamento normal das instituições... e, consequentemente, às lutas opondo, diante de um "demos" espectador impotente, as facções aristocráticas pela posse do arcontado" (*id., ibid.*: 75). Clístenes soube compreender a nova situação e, assim, incorporou o povo como elemento ativo da vida política da cidade. Paradoxalmente, foi a tirania que permitiu a consolidação das estruturas democráticas sugeridas pela obra legislativa de Sólon, na medida em que tornou impossível fazer política em Atenas sem levar em conta o elemento popular sobre o qual se apoiaram os Pisístratos para governar. A grandeza de Clístenes foi não somente a de perceber que não havia mais lugar para uma mera disputa aristocrática pelo poder, mas, sobretudo, a de finalmente compreender as lições de Sólon, que apontara os riscos contidos na incorporação do "demos" à vida política.

A democracia ateniense nasceu, assim, da superação de velhas estruturas de poder aristocráticas, mas, também, da percepção exata de que o simples abandono das velhas instituições era o caminho ideal para a consolidação das tiranias. Por isso, ao longo de todo o século V a.C., Atenas desenvolveu um horror particular à tirania, como veremos em nosso próximo capítulo, expressando, assim, uma concepção nova da natureza desse regime. De maneira geral, podemos dizer que o discurso sobre o tirano amadureceu junto com o discurso sobre a democracia e que os dois não fariam sentido numa sociedade que não tivesse levado até as últimas consequências a aventura soloniana de busca da liberdade.

Resta-nos agora ver como os dois historiadores mais importantes da época trataram a questão, inscrevendo-a de maneira definitiva nos relatos sobre a história antiga. Aqui vale uma distinção. Tucídides e sobretudo Herôdotos são evidentemente fonte importante para uma história da tirania. De acordo, no entanto, com os propósitos já explicitados deste livro, vamos nos limitar a mostrar de que maneira os historiadores participaram da consolidação da imagem da tirania, particularmente na fixação dos traços que mais tarde seriam tidos como característicos do regime. Assim, interessa-nos menos uma possível reflexão teórica sobre a questão, que existe apenas de forma incipiente nos dois autores, e mais o fato de que através deles podemos ter uma ideia bastante exata de como, já a partir do século V a.C., o imaginário grego é povoado por uma imagem definida, e em alguns sentidos definitiva, do tirano.

Por meio de Herôdotos ficamos sabendo muitas coisas sobre a tirania dos Pisístratos em Atenas. Particularmente no quinto livro de sua *História*, ele relata-nos os feitos e atribulações dessa família de governantes solitários. No entanto, essa não é a primeira vez que a questão da tirania é abordada. No terceiro livro, tratando da revolta dos persas contra os magos, o historiador introduz o problema (Herôdotos 1985, III, 80-2). É claro que não podemos levar a sério a discussão apresentada pelo historiador, que chega a dizer que alguns gregos acharão estranha a conversa reproduzida, ainda que, segundo ele, ela seja verdadeira (*id., ibid.*, III, 80). O importante, no entanto, é que temos aí uma discussão que certamente nos ensina sobre o modo como o debate em torno dos diversos regimes era conduzido na época de Herôdotos, e, mais especialmente, sobre qual era a representação que se tinha da tirania, no momento em que se escreve sobre a história dos gregos e dos bárbaros.

Assim, após a vitória dos sete conjurados, eles se puseram a debater sobre qual a melhor forma de governo para a Pérsia. Otanes, que pleiteou a entrega do poder ao povo persa, se encarregou de fazer o processo da tirania. Para mostrar como era nefasto o governo violento de um só, ele traçou um retrato demolidor do tirano: "Um tirano, todavia, tendo tudo que quer, deveria desconhecer a inveja, mas está em sua natureza fazer o contrário em relação aos seus concidadãos: ele tem inveja da maneira de conduzir-se e de viver dos homens de bem, e se compraz com os piores de todos os cidadãos; e ninguém acolhe as calúnias melhor que ele. Ele é o mais inconsequente de todos os homens; se alguém se mostra comedido em seus louvores, ele fica transtornado por não ser adulado servilmente; se é adulado servilmente, ele fica transtornado por estar lidando com um adulador. Mas ainda vou dizer o maior de seus defeitos: ele subverte os costumes ancestrais, violenta mulheres e condena as pessoas à morte sem mandar julgá-las" (Herôdotos 1985, III, 80). A opção de Otanes pela democracia ilustra de maneira eloquente uma das tópicas principais do debate político do século V a.C. em Atenas e que fazia da luta contra a tirania o nervo das disputas na cidade. Herôdotos vai ainda mais longe em seu esforço de consolidar uma reflexão sobre os diversos regimes ao apresentar os argumentos mais conhecidos em favor da aristocracia e da realeza. Deste ponto de vista, podemos dizer que estamos diante de uma página importante da história do pensamento político, particularmente no que diz respeito à teoria dos regimes que tanta importância teve para o pensamento antigo. No entanto, vamos nos concentrar na figura do tirano mostrada pelo historiador.

Como veremos nos capítulos seguintes, a descrição feita por Herôdotos contém quase todos os traços que servirão para definir o tirano nos séculos seguintes: a violência, a ausência de mediação em seu poder, o caráter antitradicional de suas ações, o desprezo pelos outros e pelo espaço público. Além do mais, todos os que tomam a palavra depois, para defender outras constituições, fazem questão de concordar com Otanes em sua condenação da tirania. Ora, a coincidência dos traços do tirano com a descrição que nos será legada pela poesia e pela filosofia está longe de ser fortuita. De fato, no século V a.C., a figura do tirano já ganhou seus contornos definitivos, que irão sobreviver, num certo sentido, até nós. Assim, podemos dizer que com Herôdotos já se acha terminada a invenção do tirano, ao mesmo tempo em que Atenas vai afirmando a originalidade de sua experiência política. Mas qual o significado dessa invenção, como ela opera na arena das disputas pelo poder e na consolidação da reflexão sobre a política? Essas questões, como vimos, constituem o núcleo de nossas preocupações e serão o objeto de nossas discussões. Para que possam ser corretamente formuladas, no entanto, é preciso explorar um pouco mais alguns pontos explicitados pelos historiadores.

Herôdotos, ao descrever o tirano, insiste em sua negatividade; ao mostrar que todos se opunham a ele, afirma a universalidade de sua condição. Essa, sem dúvida, foi uma das características essenciais das representações da tirania que a partir do século VI a.C. ganharam corpo na cultura grega. A ameaça do tirano foi um dos pontos em torno dos quais, como mostra o historiador, estiveram de acordo os defensores das várias constituições, revelando seu caráter essencialmente negativo. Mas a imagem do tirano bestial se impôs porque se mostrou como o negativo de todos os regimes, e não apenas da democracia. Ora, estamos falando de uma negatividade que não correspondeu necessariamente à realidade histórica, mas representa uma exacerbação de traços encontrados em tiranos concretos. Mas se se trata de uma abstração, como pôde se impor de maneira tão decisiva e se tornar uma das peças-chave da reflexão política? A resposta a essa questão, tentaremos elaborar em nossos próximos capítulos, mas podemos torná-la mais clara se compreendermos como os historiadores abordaram experiências, como a ateniense, que não corresponderam exatamente à descrição que acabamos de citar.

Herôdotos, referindo-se aos Pisístratos, não dá mostra de considerá-los monstros inabordáveis. Se não manifesta simpatia, também não os situa fora da vida política grega, mesmo se seus atos sãos vis e desfavoráveis aos valores caros aos atenienses de seu século. Na defesa de Atenas, contra os lacedemônios (Herôdotos 1985, V, 64-5), por exemplo, são os adversários dos Pisístratos que subornam a sacerdotisa Pítia, para obrigar aos espartanos a atacar a cidade governada pelos tiranos, e não eles que recorrem a um comportamento ímpio. No final da luta, eles são expulsos, sobretudo devido ao acaso, que fez com que seus filhos fossem aprisionados, e eles não quiseram abandoná-los para conservar o poder, mas nada indica que tivessem agido o tempo todo como bestas, que desprezam os laços de amizade e parentesco, em todas as situações, em favor de suas aspirações de mando. Na verdade, quando Herôdotos, para concluir, relembra as origens da família, faz questão de mostrar que ela descendia de uma linhagem importante de Atenas, que não podia ser identificada diretamente, ou unicamente, com a ideia de usurpação do trono, que tão frequentemente serviu para definir a condição dos tiranos (*id., ibid.*, V, 65).

Qual, então, a relação desses tiranos históricos, personagens diversas, e por vezes tão diferentes entre si, e a imagem negativa do governante solitário, que, já a partir dos historiadores, domina o imaginário grego, a ponto de se transformar num lugar-comum do pensamento político? Certamente podemos apelar para a distância, que necessariamente existe entre o ideal de tirania e suas manifestações concretas, para explicar o fato que acabamos de mostrar na obra de Herôdotos. Essa explicação, no entanto, apenas abre o caminho para a investigação filosófica da questão, apontando para o problema mais geral da relação entre teoria e realidade, no lugar de trazer uma resposta para nossa indagação. Por outro lado, lembrar que nem todos os tiranos gregos foram como os Pisístratos e que muitos recorreram com frequência a métodos violentos para garantir o poder, não explica como os primeiros puderam tão comumente servir de exemplo para os democratas do século V a.C. ateniense, que tinham na tirania e na figura de seus representantes seus inimigos principais. Talvez seja mais prudente aceitar que uma resposta elaborada a esse problema depende de elementos que ainda não foram estudados por nós e, assim, legar para os próximos capítulos a tarefa de encontrar uma solução.

Para concluir este capítulo, talvez possamos dizer que a invenção da tirania tem um duplo significado. O primeiro diz respeito à transformação de uma forma de governo, cujos traços gerais já podemos encontrar na Ásia e em outras regiões do mundo antigo, numa experiência tipicamente grega. Se a ocupação do poder por apenas um homem, com recurso frequente à violência, não pode ser dita grega em sua essência, ao migrar para a terra dos helenos, gestou uma forma específica e original de governo, que pôs em questão uma série de valores que sustentavam a cultura grega desde os tempos de Homero.

O segundo ponto importante a se ressaltar é que a invenção da tirania é também uma invenção teórica, que ultrapassa em muito a simples descoberta taxonômica. Os gregos souberam ver que a tirania era um produto do próprio processo de criação que experimentavam e que revelava seus perigos e limites. Esse medo, e talvez a certeza de sua originalidade, fez com que a preocupação com o tirano tenha aparecido muito cedo na literatura, na poesia e na história, antes de se converter num problema específico da filosofia. Por isso vamos explorar o significado dessa invenção não só nos pensadores clássicos, mas também nos autores trágicos, como já fizemos com os poetas neste capítulo.

Para encerrar e reforçar o que acabamos de dizer, vale a pena recordar alguns pequenos trechos nos quais Tucídides, sem ter dedicado grande espaço à questão, mostrou, logo no começo de seu livro *História da Guerra do Peloponeso*, a importância que dava ao surgimento da tirania na Grécia. Comentando em primeiro lugar as modificações econômicas pelas quais passou a Grécia, ele afirma: "A Grécia tinha se tornado mais poderosa, as riquezas sendo maiores do que antes, foi então, com o aumento dos recursos, que as tiranias se estabeleceram na maior parte das vezes, quando antes só havia realezas hereditárias, gozando de um número determinado de privilégios" (Tucídides 1966, I, 13). O historiador descobriu, com notável senso de realidade, a vinculação direta entre o progresso econômico e o aparecimento de novas formas de governo, pondo assim lado a lado a tirania e a democracia. Mas a fina percepção da natureza dos processos de transformação não o enganou quanto ao fundamento do governo tirânico. Um pouco mais à frente, ele descreve a situação de sua terra natal sob o jugo das tiranias de maneira paradigmática: "Todos os tiranos das cidades gregas tinham em vista apenas seus interesses pessoais, a preocupação com sua preservação e com o aumento contínuo dos bens da própria casa. Eles habitavam de preferência as cidades, e nada de memorável foi realizado por eles, à exceção de algumas expedições contra seus vizinhos. No que diz respeito aos tiranos da Sicília, eles adquiriram uma potência considerável. Assim, a Grécia, durante longo tempo, nada pôde realizar de importante em comum, e cada cidade estava desprovida de espírito de iniciativa" (*id., ibid.*, I, 17).

O maior mérito de Tucídides não está em descobrir a vinculação da tirania com as modificações pelas quais passava a Grécia. De certa maneira, ele é o herdeiro tanto dos trágicos quanto da poesia de Sólon. O que podemos aprender com ele é a transformação da tirania em objeto de reflexão, em matéria para os estudiosos que, como ele, não se contentaram com a descoberta da possibilidade da existência da tirania nas cidades, mas que fizeram desse novo continente o trampolim para investigações cada vez mais ousadas sobre a natureza das relações humanas e dos riscos contínuos que corremos, quando transformamos em realidade nossa natureza política. Com ele a descoberta empírica da invenção da tirania funde-se com a possibilidade teórica de transformá-la em objeto de pensamento e, dessa maneira, em invenção do espírito.

NOTAS

1 Sobre os múltiplos usos do conceito de democracia nos tempos atuais, ver Sartori 1994.
2 Sobre o sentido da política como invenção, ver Finley 1985. Interessante também é Romilly 1989.
3 Sobre a Atenas democrática, ver o brilhante estudo de Loraux 1994.
4 Para um estudo detalhado, ver Andrewes 1957, Cap. III. Deve-se observar que essa tese não está livre de controvérsias, como notou Claude Mossé (Mossé 1969: 24-5).
5 A bibliografia sobre Homero é hoje extensa e altamente especializada. Para nossos comentários, servimo-nos basicamente dos seguintes livros: Finley 1956, Adkins 1960 e 1972.
6 Seguimos aqui a exposição feita em Andrewes 1957, Cap. 6.
7 Utilizamos em nossos estudos a edição bilíngue de Aristóteles 1952.
8 Para uma análise detalhada da tirania dos Pisístratos, cf. Mossé 1969, IV.

Capítulo 2

O TIRANO TRÁGICO

Platão, no final do oitavo livro da *República*, acusa os autores trágicos de serem os arautos da tirania na Grécia. Referindo-se ironicamente a Eurípedes, chama-o de sábio excepcional, acusa-o de ser uma companhia agradável para os tiranos, que, de maneira geral, recusam o convívio dos homens de bem. Para Platão, Eurípedes passa por ser um sábio profundo, exatamente porque teria dito que "sábios são os tiranos pela companhia de homens sábios"[1]. O filósofo ateniense continua sua crítica num tom cada vez mais irônico: "Os sábios são evidentemente, em seu pensamento, os que o tirano escolhe por companhia. – Ele faz até mesmo sua homenagem à tirania: 'A tirania que nos iguala à divindade'; sem falar de um grande número de outras passagens, tanto dele quanto de outros poetas" (*República*, 568b).

A conclusão platônica aparece como uma conclusão lógica da suposta "sabedoria" dos trágicos, que não teria lugar numa cidade fundada de acordo com os princípios que enunciou ao longo de sua obra. "Eis por que, exatamente por serem sábios, os poetas trágicos nos perdoarão (a nós e a todas as bravas pessoas que governam de uma forma próxima da nossa), de não lhes conceder um lugar em nosso regime político, precisamente enquanto são os panegiristas da tirania" (*id., ibid.*; Goldschmidt 1970).

A ferocidade do ataque platônico não chega a surpreender. Ao longo de sua vida, e particularmente na *República*, Platão procurou demarcar a fronteira entre o discurso poético e o discurso filosófico. Na medida em que o discípulo de Sócrates acreditava ser a tragédia nociva para a constituição de uma cidade ideal, porque forjava falsas ideias sobre temas essenciais, não é de se espantar que pense que, também no que diz respeito aos diversos regimes, a tragédia tenha sido um discurso enganador. Essa hipótese torna-se ainda mais plausível quando Platão, na sequência do texto, mostra que o poeta trágico se desloca de cidade em cidade, procurando seduzir por meio de belas vozes e palavras enganadoras os incautos habitantes de regimes frágeis. Seguindo a lógica, exposta no oitavo livro, de que os dois regimes mais corrompidos são a democracia e a tirania, será exatamente nos dois que os "sábios poetas" terão êxito e poderão exercer sua nefasta influência. Nesse sentido, Platão compara-os aos sofistas, que também faziam da arte enganosa que professavam uma afiada arma política, a serviço muitas vezes de tiranos ferozes.

Reduzir, no entanto, o alcance da crítica que Platão faz a Eurípedes à crítica geral à poesia, que domina o décimo livro da *República*, obscurece o fato de que para os atenienses do século IV a.C. talvez não fosse tão evidente que a tirania pudesse ser associada às tragédias. É verdade que a época de ouro já havia terminado, mas não tanto tempo antes a ponto de não haver mais uma boa memória dos textos e, sobretudo, para que muitas peças não continuassem a ser apresentadas[2]. Ora, mesmo um espectador pouco culto de Sófocles e de Eurípedes veria em muitas de suas obras uma crítica aberta à tirania. Do Egisto da *Oresteia*, passando por Creonte na *Antígona*, até chegar a Etéocles nas *Fenícias*, uma longa tradição se formou de abominação do personagem tirânico. Apresentado muitas vezes como o quase monstruoso, o tirano teve uma longa vida no século das tragédias e um papel que certamente não correspondeu ao que assinala Platão em seu comentário. A menos que reduzamos suas críticas a um mero esforço retórico, somos forçados a constatar que devem conter mais do que o que podemos apreender em uma primeira leitura. Se para nós, que conhecemos apenas um número limitado de textos, parece evidente que não podemos acusar os poetas trágicos de terem sido os arautos da tirania, também não nos parece razoável supor que Platão não os conhecesse a ponto de se equivocar de maneira tão grosseira. Talvez, se retornássemos à velha disputa entre a filosofia e a tragédia, tivéssemos uma percepção mais aguda das diferenças que separam duas concepções diferentes da vida política; mas, ainda assim, teríamos deixado de lado o problema específico da tirania, para reter apenas o que nele faz parte da história da constituição do discurso filosófico na Grécia. Aqui, interessa-nos a tirania e como foi compreendida pelos gregos. Nesse sentido, o texto platônico é eloquente. Ele sugere que entre o discurso filosófico sobre a tirania e a poesia trágica havia uma distância, que talvez não fosse perceptível para o espectador comum das representações. Ele nos convida a estudar a tirania a partir do ponto de vista novo da filosofia e, portanto, a recusar a visão dos trágicos.

Essa não será nossa preocupação por enquanto. Deixaremos a revolução platônica de lado para ocupar-nos das tragédias. Partiremos, no entanto, das críticas que apontamos para tentar descobrir de que maneira o tirano trágico foi capaz de participar da formação, no interior do discurso poético, de uma concepção da política que Platão viu-se na obrigação de recusar, para demonstrar a pertinência de seu próprio discurso. Nosso pressuposto será, portanto, o de que a "exageração" platônica tem sua origem no fato de que a função do tirano nas tragédias era outra do que a de apresentar um personagem abjeto. Nosso objetivo será o de tentar descobrir essa função.

2.1. TRAGÉDIA: UMA ARTE POLÍTICA

No polo oposto estão os que acreditam que as tragédias tiveram uma função política imediata. A representação trágica servia não somente para relatar ou significar as modificações que ocorriam, mas também para influenciar o curso dos acontecimentos. O perigo dessa posição é que somos muitas vezes levados a ver nas peças o reflexo da história imediata, deixando de lado a complexidade inerente ao gênero[4].

Recentemente, Christian Meier defendeu abertamente a função política das tragédias[5]. Mas, contra as teses simplificadoras, procurou mostrar que não se trata de reduzir o gênero trágico a um de seus elementos, mas, ao contrário, de fazer coincidir a expansão do significado da política com a necessidade de um novo "assentamento mental". As tragédias não seriam, assim, o depósito de novas significações, mas o lugar de sua produção e, ao mesmo tempo, a possibilidade de manutenção dos vínculos com a tradição, sem o que teria sido impossível produzir uma nova compreensão de um mundo que explodia suas fronteiras. A tragédia foi a condição para uma nova concepção da política, baseada na descoberta de uma nova forma de vida política: a democracia (Meier 1991: 57). Sua história seria a de uma mútua determinação. Ao mesmo tempo que dependeu dessa grande invenção (Finley 1985), criou as condições para a elaboração de um discurso radicalmente novo, sobre o que, por sua própria natureza, não podia estar contido nem na velha poesia, nem nos discursos religiosos tradicionais.

Nesse contexto, não é de estranhar que tenha sido em Atenas que o gênero pôde desenvolver-se. Nenhuma cidade grega[6] sofreu tantas modificações e fez tantas descobertas quanto ela; nenhuma viu sua vida ser modificada de maneira tão espetacular, a ponto de tornar inútil qualquer recurso aos velhos códigos de conduta, que regiam as relações políticas nos séculos que precederam as guerras com os persas. Com efeito, a Atenas, que acolheu a obra legislativa e poética de Sólon, era pouco mais do que um burgo, a reboque do que se fazia em outros cantos da Grécia. Após a tirania dos Pisístratos, as reformas realizadas por Clístenes dariam um primeiro impulso, incorporando à vida pública um número significativo de cidadãos, mas deixando ainda intacto o velho poder dos aristocratas, como aconteceu com outras cidades (Argos), que haviam se lançado na mesma via. Se o regime que hoje conhecemos como "isonomia" não era uma exclusividade ateniense, foi em Atenas que produziu os frutos mais espetaculares (Meier 1991: 17). Já no final do século VI a.C., ocorreram as primeiras vitórias militares, que valeram aos atenienses a conquista de territórios importantes de Chalcis. Mas foram sem dúvida as vitórias obtidas contra os persas em Maratona (490 a.C.) e depois em Salamina (480 a.C.) que modificaram de maneira definitiva o panorama político grego. Num curto espaço de tempo, Atenas transformou-se numa cidade temida, à frente de uma liga que reunia as forças mais significativas do mundo helênico.

No plano interno, o novo poder conquistado não tardaria a produzir uma verdadeira revolução. Não era mais possível contar com os cidadãos de todas as classes para obter ganhos significativos para a cidade e depois esperar que se contentassem com uma participação reduzida na vida política, sob o controle das mesmas famílias aristocráticas. As primeiras décadas do século V a.C. foram marcadas por uma luta violenta em torno dos órgãos de poder. Com a derrota do Areópago (461-2 a.C.) e a consequente perda de seu poder político, Atenas se lançou na mais extraordinária aventura que uma cidade da Antiguidade pôde viver. Por intermédio de homens como Efialtes, Péricles e muitos outros, ela compreendeu que o que estava acontecendo num curto espaço de tempo não tinha precedentes; que não bastava invocar as velhas fórmulas de conciliação num mundo transformado pela presença de um número cada vez maior de cidadãos na arena política. A democracia e a liberdade descobertas tinham de se sustentar sozinhas, se quisessem sobreviver[7].

Nesse mundo em plena transformação, as modificações sofridas pelas instituições atenienses tinham um significado muito maior do que o que atribuímos hoje às mudanças institucionais. Para os gregos, a cidade se constituía à imagem e semelhança do universo. Nesse sentido, assim como na natureza, os membros de uma cidade participavam de um sistema equilibrado, que respeitava uma certa ordem, para poder se manter vivo. A democracia vinha justamente pôr em xeque a velha ordem estabelecida e seus valores[8]. A introdução na vida política do "conjunto do povo" (to dèmion), o poder conferido à assembleia do povo, obrigou os atenienses a refletir não somente sobre as questões políticas, mas também sobre o papel dos deuses e sobre o universo e suas forças.

A tragédia foi, ao longo do século V a.C., um lugar privilegiado para a reflexão sobre as novas condições da cidade. Como afirma Vernant: "A tragédia não é apenas uma forma de arte, é uma instituição social que, pela fundação dos concursos trágicos, a cidade põe ao lado de seus órgãos políticos e judiciários" (Vernant 1988: 23). Todos os grandes temas do século, de uma maneira ou de outra, foram acolhidos pelos autores trágicos. Mas não se tratava de apresentar uma visão acabada do mundo. No confronto com os deuses, ou com o acaso, valia a dúvida, a suspensão do juízo, a busca de um significado que muitas vezes se perdia no emaranhado de possibilidades. A tragédia expandiu o sentido da experiência humana, sem, contudo, chegar a um porto seguro. A imagem de uma cidade, que não podia mais recuar em sua exploração do mundo, produziu uma escrita audaz, e, ao mesmo tempo, temerosa. Como diz Vernant: "Mas a lógica da tragédia consiste em 'jogar nos dois tabuleiros', em deslizar de um sentido para outro, tomando, é claro, consciência de sua oposição, mas sem jamais renunciar a nenhum deles. Lógica ambígua, poder-se-ia dizer. Mas não se trata mais, como no mito, de uma ambiguidade ingênua que ainda não se questiona a si mesma. Ao contrário, a tragédia, no momento em que passa de um plano a outro, demarca nitidamente as distâncias, sublinha as contradições" (Vernant 1988: 29).

Se o que acabamos de dizer é verdade, e se aceitamos a tese de Meier, e de tantos outros, podemos esperar encontrar nas tragédias uma reflexão inteiramente nova sobre a tirania. O velho quadro de valores aristocráticos não foi capaz de acolher a experiência democrática, e estamos convencidos de que essa experiência modificou de maneira decisiva a ideia que se tinha da tirania nos séculos anteriores. Surge, assim, no século V a.C. o que chamaremos de tirano trágico, figura diferente da imagem que a poesia forjara no século VI a.C., e da que a filosofia forjará, pelas mãos de seus grandes mestres, nos séculos seguintes. Procuraremos, a partir de agora, mostrar quais foram suas principais características e de que maneira trouxeram uma contribuição decisiva para a elaboração do pensamento político grego no século de Péricles.

2.2. ÉSQUILO

Os deuses e a justiça dos homens

Ésquilo pertenceu à geração que viu a potência de Atenas ser multiplicada após a vitória sobre os persas; acompanhou de perto as transformações, que terminaram por instaurar a democracia, e se viu confrontado com todos os desafios que impunha a nova situação. Ao mesmo tempo que viam com apreensão a expansão dos limites da vida na cidade, os vencedores de Maratona e Salamina tinham sido educados por homens que conheceram a tirania dos Pisístratos e temiam o desregramento dos governantes. A obra do poeta revela toda a angústia de seu tempo, a busca desesperada de um conjunto coerente de valores, capaz de expressar o mundo que surgia, mas também capaz de conduzir os homens a agir com justiça e respeito aos deuses. Por isso suas peças são povoadas pelos deuses e pela ideia da justiça divina; por isso os personagens entregues à "hybris" do mundo encontram sempre seus limites na vontade dos imortais (Romilly 1982: 51-79). O mundo de Ésquilo é violento, caótico, misterioso, mas deseja a ordem. Os deuses possuem, ao agir, uma lógica que não conseguimos penetrar com nossos olhos mortais. No fluxo de suas ações, no entanto, uma direção termina por se impor: a justiça. É, assim, com a vitória da justiça que terminam as peças que nos restaram, mesmo o Prometeu, que põe os próprios deuses em cena, e não os homens. É verdade, que no começo temos a impressão de que Prometeu é a vítima de um Zeus injusto, que o próprio autor caracteriza como um jovem tirano (Ésquilo 1984, *Prometeu acorrentado*, 942), mas com o desenrolar da trama somos conduzidos a ver que é a nossa ideia da justiça divina que não corresponde inteiramente ao mundo impenetrável dos deuses do Olimpo.

Nesse mundo instável, os homens agem movidos pelos deuses, mas também por escolha[9]. Mesmo deixando de lado a difícil discussão sobre o significado dessa ação voluntária, é-nos possível dizer que o herói esquiliano toma decisões que refletem seu caráter e, assim, sente-se responsável, ainda que o sentido do que fez só lhe seja revelado a posteriori[10]. Se não houvesse responsabilidade, não haveria justiça, ou os homens não saberiam como identificá-la no meio das muitas manifestações dos deuses no mundo. Além do mais, mesmo se recusarmos a ideia de que as tragédias refletiam de forma imediata a vida política grega, devemos considerar que o sucesso do gênero deveu-se provavelmente ao fato de que foi capaz de trazer para a luz do dia as angústias de uma sociedade que se lançara nos caminhos da inovação e que temia as consequências dessa grande ousadia.

Entre as muitas punições que pairavam sobre a cabeça dos destemidos atenienses estava a tirania. Inscrita como possibilidade no universo político dos gregos, era especialmente temida em Atenas, que, alargando a participação do povo nos negócios públicos, sabia que abria o caminho para um regime que, no passado, se servira do elemento popular para investir contra o domínio da aristocracia; elemento que agora poderia vir a destruir as difíceis conquistas da jovem democracia.

Ésquilo não nos legou uma peça na qual o problema da tirania seja tratado como tema principal. De seus grandes personagens, nenhum é tirano. Essa constatação, no entanto, não implica dizer que o problema não o inquiete. Assim como não escreveu uma peça sobre a democracia nascente, também não tratou de forma direta os problemas políticos de seu tempo. Essa, aliás, foi sua força: a capacidade de inscrever as questões suscitadas pelas discussões públicas e pela vida institucional numa ordem superior de considerações, que ligavam os debates mais candentes à esfera das preocupações com os temas universais da religião e da presença do homem no mundo; tudo permeado pelas exigências de uma nova racionalidade, que vinha substituir os antigos mitos (Meier 1991: 169).

No conjunto de suas obras, a *Oresteia* é, para nós, a de maior interesse[11]. No drama que se desenrola a partir do retorno de Agamêmnon após longos anos combatendo em Troia, passando por sua morte pelas mãos de sua esposa Clitemnestra, pela vingança de Orestes, seu filho, até sua absolvição diante do tribunal influenciado pela deusa Atena, um personagem se destaca: Egisto. Em Ésquilo, é verdade, ele não tem a importância que lhe conferirá Eurípides muito depois em sua *Electra*. Egisto é, podemos dizer, um personagem secundário. Seu crime horrendo só alcança o pleno significado porque é perpetrado em conjunto com a esposa do herói. Sua morte, tramada com a astúcia por Orestes, teve de ser completada pela de sua amante, para dar plena satisfação aos deuses. É o próprio Orestes, que depois de cumprir sua vingança afirma: "Vejam os dois tiranos da cidade, os assassinos de meu pai e os devastadores dessa casa. Eles eram orgulhosos quando sentados no trono, e agora são ainda amigos, como podemos julgar por sua morte, e permanecem fiéis a seus juramentos" (Ésquilo 1964, *Coéforas*: 972).

Mas o crime de Egisto não pode ser reduzido às fronteiras da família de Agamêmnon e da maldição que pesava sobre ela. Com efeito, desde o momento da morte do rei legítimo e vencedor, o coro pressente que o ocorrido atrairá a ira dos deuses, mas também a desgraça para a vida política da cidade. Assim, no meio do desespero que se segue, um dos velhos afirma: "É preciso ver, pois isso é somente um prelúdio, um sinal da tirania que eles preparam para a cidade" (Ésquilo 1964, *Agamêmnon*, 1357). Será, além do mais, o próprio Egisto que confirmará essas suspeitas: "A astúcia era, você bem o sabe, apropriada para a mulher. Eu, velho inimigo, era suspeito. Mas, com os bens desse homem, procurarei comandar os cidadãos. Quem não obedecer, será amarrado por um jugo pesado, e não será mais um potro rebelde alimentado com feno, mas a fome amarga, associada às trevas, o verá ser domado" (*id., ibid.*: 1637).

A tirania instaurada por Egisto e Clitemnestra, à primeira vista, pode ser pensada no quadro dos valores tradicionais, que regiam o imaginário grego do século VI a.C. Encontramos nela os sinais dos regimes extremos: a usurpação do poder, a violência, o desafio à ordem divina. Nas *Coéforas* somos advertidos de que os atos dos dois tiranos atraíam a ira dos deuses e, portanto, não podiam passar sem punição (idem, *Coéforas*, 22-77). Isso pode nos parecer suficiente para explicar os destinos do tirano Egisto, que apenas paga por sua temeridade. Além disso, no desenrolar da trilogia, ele não participa de maneira decisiva da trama, sua presença apenas compõe o quadro complexo da relação entre os homens e a justiça divina. A tirania seria, nesse contexto, uma confirmação de um mal maior, cuja causa o poeta tenta desvendar.

Mas, se contentarmo-nos com essa explicação, algumas articulações essenciais do texto perderão seu significado. Em primeiro lugar, é preciso observar que não podemos imputar a ação de Egisto e Clitemnestra ao impulso ou ao desejo. Ambos sabiam que poderiam ser punidos, e, no entanto, agem; agem com confessa premeditação. Ora, podemos admitir, como o faz Ésquilo, que suas ações são guiadas por forças sobrenaturais, mas não podemos reduzir tudo à presença dos deuses. Se assim o fizermos, dissolveremos a própria ambiguidade da decisão trágica; transformaremos o mundo dos homens na pura manifestação da necessidade do cosmos (Vernant 1988: 68). No caso de Clitemnestra, seus motivos podem ser compreendidos dentro de um conjunto de determinações que escapam à sua compreensão, ou que a forçam a agir, apesar da punição que paira sobre sua cabeça. Egisto não, Egisto é um personagem medíocre. Sua ambição é humana, seu desejo de ocupar o lugar de Agamêmnon não é regido somente por uma sequência inescapável de eventos, mas por uma vontade toda política de ocupar o poder.

A punição de Egisto, o triunfo da justiça no final das *Coéforas*, poderia sugerir a compreensão da tirania a partir da ideia de crime e castigo. As palavras que citamos de Orestes parecem confirmar essa interpretação. Mas Ésquilo não terminou sua trilogia após a punição dos culpados. Orestes será ele mesmo perseguido por seus atos, terá de se refugiar no templo de Apolo em Delfos, ser conduzido a um tribunal em Atenas. Poder-se-ia alegar, e com razão, que Orestes não é perseguido pelas Eríneas por ter matado um tirano, mas por ter assassinado a própria mãe. Seu crime não tem aparentemente conotação política. O clima fantástico das *Eumênides* é produzido pela presença em cena dos deuses novos do Olimpo e das forças terríveis das Eríneas, entidades divinas, que reinavam antes da era de Zeus; deve mais aos deuses e suas disputas do que aos homens. O próprio Orestes não cessa de evocar Apolo, de transferir a responsabilidade de seus atos para o deus. No meio de uma luta, que envolve deuses de duas gerações, os atos humanos poderiam ser vistos como pura manifestação da vontade dos imortais (Ésquilo 1964, *Eumênides*, 574-80).

Tal interpretação não dá conta, no entanto, da verdadeira reviravolta que ocorre entre as duas peças. Até o momento da vingança de Orestes, podíamos supor que a justiça seguia seu curso, que os crimes encontravam sua punição. Ora, Orestes comete um ato abominável: o matricídio, passível de uma punição exemplar. Não é o que ocorre no final das *Eumênides*. Isso nos leva a constatar que a justiça não tinha, como poderíamos supor no começo, um significado unívoco. De acordo com os deuses antigos, a punição era inevitável; para Apolo e Atena, Orestes agira de acordo com as leis que regem a vida dos homens na terra e sua relação com a justiça dos imortais. Mas sob que ponto de vista, então, a tirania de Egisto deve ser condenada? Para Orestes, a morte de seu pai tivera como consequência a instalação da tirania. Ao se vingar, a justiça foi feita e o trono voltou para as mãos do seu verdadeiro herdeiro. Mas é no momento que começa sua perseguição que nos damos conta de que estamos lidando com mais de uma concepção de justiça. As próprias Eríneas se aperceberão disso, quando no final das *Eumênides* se queixam a Atena de que estão sendo deixadas de lado e que dessa forma não é possível mais saber que leis regem o mundo. "Ah! jovens deuses, vocês jogaram por terra antigas leis, que me retiraram das mãos", repetem elas no auge da cólera (*id., ibid.,* 774-825).

A mudança da concepção de justiça não pode, entretanto, ser reduzida a uma querela entre deuses. A apresentação de novos valores não fica restrita à esfera dos imortais. No momento de julgar Orestes, Atena apela para uma assembleia de notáveis da cidade que protege, e não para um debate no Olimpo, como acontece no começo da *Odisseia*, quando se trata de decidir sobre o destino de Ulisses. Vemos, assim, como a política e a vida de Atenas estavam inteiramente implicadas no teatro de Ésquilo. Para uma plateia em meio a uma revolução dos costumes e das estruturas mentais, a representação da *Oresteia* não tinha certamente o sabor de uma disputa erudita sobre questões teológicas. Era o destino da cidade inovadora que estava em jogo nas alterações profundas que ocorriam nas estruturas sociais e políticas, como no universo de valores e símbolos.

Retornando ao problema da tirania, vemos que sua compreensão não podia ficar inalterada, quando a ideia mesma de lei e justiça era posta em questão. Egisto não se transforma por isso em um personagem mais importante. A tirania enquanto regime político não é menos condenável, mas os parâmetros que serviam para julgar a legitimidade de um governo tinham de ser revistos com o aparecimento da democracia. Se antes o tirano era sobretudo o que usurpava o trono, podendo governar ou não de forma arbitrária, agora ele passa a assinalar um limite para o exercício do poder (*kratos*), em todas as suas formas. Em Ésquilo, não podemos dizer que exista uma nova concepção da tirania. Como já assinalamos, esse não foi um problema central em sua obra. Ao confrontar a cidade com os impasses provocados pela ação dos homens e com as exigências da justiça divina, ele expõe de forma inequívoca a falência do velho código de valores aristocráticos, que permitiram aos homens compreender o significado do tirano no século precedente. Com o aparecimento do tirano trágico, tornou-se necessário buscar uma nova compreensão da tirania, no interior do quadro de valores que se impunha na jovem democracia. As tragédias foram o meio privilegiado de que se serviram os atenienses para dar plena expressão às dúvidas e conflitos que os atemorizavam e estimulavam na busca de uma nova compreensão dos limites da extraordinária experiência política que viviam. Em Sófocles e Eurípedes o tirano virá ocupar o centro do palco. Por intermédio de personagens instigantes e terríveis, a tirania se transformou num tema importante das festas, que celebravam a grandeza da cidade.

2.3. A ANTÍGONA

São de Sófocles duas das peças mais populares do teatro grego: *Antígona* e *Édipo*. Em ambas o tirano tem um lugar de destaque, seja ocupando a cena por boa parte da representação – na *Antígona* – seja como personagem central – no *Édipo*. Com isso não estamos sugerindo que a tirania seja o problema fundamental dessas peças, mas sim que uma análise da questão encontra nelas terreno fértil para se desenvolver. Como não é nosso propósito repertoriar todas as aparições do tirano trágico nas tragédias que conhecemos, vamos proceder a um estudo dos personagens tirânicos nas duas peças citadas, acreditando dessa forma esclarecer o tratamento que foi dado ao problema pelo teatro do século V a.C.

Comecemos pela *Antígona*. O espectador contemporâneo é levado em geral, pelas representações a que assiste, a centrar sua atenção em Antígona e a ver sua morte como o resultado da violência de Creonte, tirano confesso, que exerce sua tirania sem meias medidas. Para isso contribui em muito o fato de que Sófocles escreveu peças nas quais a figura do herói domina inteiramente; nas quais o caráter particular das ações assume um significado essencial aos olhos do espectador, confrontado com situações extremas, mas também com a capacidade fora do normal que certos mortais demonstram para enfrentar os golpes do tempo. De outro lado, os que buscam uma compreensão mais profunda da peça esbarram imediatamente nas análises de Hegel, que, sem dar maior importância ao caráter tirânico das ações de Creonte, prefere opor a defesa da família feita por Antígona à defesa dos interesses públicos feita pelo governante recente de Tebas. A dialética entre o público e o privado comanda a análise.

A crítica especializada recusou as duas perspectivas, assinalando o caráter redutor de ambas, o que não as impede de ainda serem extremamente influentes na construção da imagem da peça na contemporaneidade e, de certa maneira, fundamentais para os que se lançam em uma nova análise de Sófocles[12]. No nosso caso, vamos nos servir tanto da redução da tirania à pura violência, quanto da dialética do público e do privado, para tentar mostrar que a função do tirano ultrapassa em muito o que essas duas leituras sugerem[13].

A peça tem início com o diálogo entre Antígona e sua irmã Ismênia. Rapidamente podemos identificar a oposição de duas posições. Antígona insiste em sepultar seu irmão Polinices, contra o decreto de Creonte, e Ismênia, apesar de reconhecer a necessidade do rito religioso, declara: "Não desprezo nada; mas não sou capaz de desobedecer às leis da cidade"[14]. À primeira vista, podemos reduzir a luta que se anuncia entre dois personagens à disputa entre a lógica familiar e a lógica da cidade, mas vários elementos contribuem para mostrar que o problema é bem mais complexo.

Em primeiro lugar, não podemos esquecer que a família não tinha para os gregos o mesmo significado que para as sociedades modernas. Os laços que unem Antígona a seus irmãos não implicam somente o afeto entre descendentes de uma mesma mãe, mas a participação em uma mesma história, no caso, em um mesmo destino, cuja marca não pode ser apagada pela afirmação de uma individualidade excepcional. Antígona é descendente dos Labdácidas, participa de uma trajetória marcada por vários acontecimentos fora do comum. Sua oposição não pode ser vista como a de uma garota piedosa, que decide, contra o Estado opressor, respeitar as obrigações de uma boa irmã. Mas, sobretudo, a oposição entre a cidade e a família não pode ser reduzida à de dois direitos opostos. O que observamos, e que certamente não passou despercebido para o espectador da época, é que o conflito entre "genos" e "polis", que se iniciara com Sólon, que percebeu a importância de redimensionar o lugar do "genos" na cidade, para remodelar a vida institucional, e que comparece com toda a força no teatro de Ésquilo, ainda tem um peso importante na cidade democrática do século V a.C. (Winnington-Ingram 1980: 120 e ss.). Que sejamos tentados a ver nele um conflito arcaico, já superado, é o que sugere o próprio Creonte em sua fala inicial, mas isso faz parte de uma estratégia de convencimento (à qual retornaremos mais tarde) que não anula a complexidade da posição de Antígona.

O segundo ponto ao qual devemos estar atentos é o fato de que o conflito entre família e cidade comporta um elemento religioso importante. Não se trata simplesmente de cumprir um rito, uma obrigação, mas de descobrir o caráter próprio da religião e sua relação com o mundo dos homens. Ora, Sófocles põe em cena uma disputa, que já chamara a atenção de Ésquilo, entre a religião do Olimpo e a religião antiga dos mortos, de uma forma, no entanto, que não sabemos a priori que lugar devemos atribuir aos deuses, uma vez que não sabemos quais deuses devem ser respeitados pelos cidadãos de uma cidade que quer manter sua independência (autonomia). Somos, assim, interpelados pela pergunta a respeito dos limites da lei divina, e, sobretudo, pela natureza da mesma.

Essa pergunta põe para nós uma terceira oposição, importante para a época, entre lei divina, no que ela tem de natural, e lei dos homens. Ou seja, a oposição religião-cidade conduz-nos a perguntar pela essência do que chamamos natureza, pela relação da natureza com o religioso, e também pela relação da natureza com o político[15]. Nesse contexto, a própria definição da natureza do homem deve ser questionada, uma vez que não pode ser pensada independentemente das questões que apontamos.

Essa série de questões não está contida evidentemente apenas nas primeiras falas de Antígona. Será necessário esperar até o final para descobrirmos seu inteiro significado. O que podemos depreender, no entanto, dos primeiros movimentos da peça, é que a decisão das irmãs de Polinices está carregada de tensões. Uma e outra conhecem a gravidade do ato que Antígona pretende praticar. O medo comanda Ismênia, mas seus motivos são inteiramente compartilhados pela irmã, que lhe propõe agir ao preço da vida. A oposição à cidade se apresenta, já no final do prólogo dialogado, como a oposição entre a vida e a morte gloriosa. Antígona sabe que pode morrer, mas escolhe o dever religioso e a glória. "Deixe-me, deixe minha imprudência correr esse risco. Ainda que me seja necessário sofrer, morrerei gloriosamente", insiste ela, contra uma irmã que reconhece em seu gesto a marca da loucura, de uma loucura de quem "sabe amar àqueles que ama" (*Antígona*, 94-100). Alguns autores insistiram que Antígona, no momento em que decide sepultar o irmão, espera a punição. Conhecendo Creonte, sabendo que enfrenta um tirano, não vê outro caminho que o do sacrifício pessoal[16]. Essa interpretação parece-nos exagerada. Se é verdade que provavelmente conhecia o caráter do tio, sua devoção à família não se opõe apenas ao governo tirânico, e nisso Hegel tem razão, mas ao domínio público como um todo, às leis dos homens, que não lhe parecem oferecer nem mesmo a glória, esse prêmio tão político. Assim, opta por uma hierarquia das leis, que recusa toda superioridade às invenções dos homens. Transformar a revolta de Antígona em uma ato pessoal de recusa da autoridade de um só homem é esvaziar a força de sua conduta heroica; é, no fundo, dar razão a Creonte, que, quando toma conhecimento do desrespeito às suas ordens, exclama: "Mas já notei que alguns descontentes murmuram contra minhas ordens, sacodem a cabeça sob a capa, não se curvam ao jugo de uma obediência leal" (*ibidem*, 291-4). Antígona não faz um discurso político; no começo, ela aponta para uma diferença, uma distância sem mediações, que transforma seus gestos em atos políticos exatamente porque recusam o entendimento em torno de um decreto que é todo humano.

Creonte em sua primeira fala pretende esposar um ponto de vista humano por excelência, o lugar da política e das leis criadas pelos homens. Por isso seu primeiro discurso é inteiramente voltado para uma lógica que a cidade democrática do século V a.C. conhece e adota. Num primeiro momento, ele mostra que ocupa o poder de maneira legítima – "O poder soberano me foi concedido por ser o parente mais próximo" (*ibidem*: 170) –, evitando com isso que seu mando seja imediatamente caracterizado como tirânico. Em segundo lugar, procura opor os atos rebeldes à necessidade de conservação da cidade: "E quem prefere um ser querido à sua pátria é como se não existisse para mim. Que Zeus saiba, ele que lê nos corações: não sou homem a me calar, quando vejo a desordem de um só pôr em perigo a sorte de todos" (*Antígona*: 180-5). Como observa Lanza, trata-se de um programa político, de um discurso de investidura (Lanza 1977: 157). Mas não podemos por isso negar-lhe a eficácia. É verdade que os outros personagens não parecem convencidos da sinceridade de suas palavras. O guarda, quando tem de reportar o acontecido, teme por sua vida, treme diante do governante, como se treme diante de uma fera. No entanto, se Creonte escolhe esse discurso, e não outro, é porque vê nele o discurso capaz de captar a simpatia da cidade, vê nele o que se espera de um governante; em outras palavras, procura falar a linguagem de seu tempo, identificar-se com as categorias de pensamento que determinam a identidade das cidades livres.

Na sequência do texto, Creonte se oporá ao coro, que, diante do sepultamento de Polinices, busca uma explicação religiosa: "'Rei, os deuses não são provavelmente estranhos a esse mistério', exclamam os velhos com temor. Ao que o governante replica: 'Que tolice, na tua idade! Pretender que os deuses se ocupam desse cadáver é uma ideia revoltante'" (*Antígona*, 283-90). Mais uma vez podemos ser levados a concluir que uma oposição essencial se enuncia, que o tirano revela toda sua desrazão e desrespeito pela religião. Nessa ótica, que parece ser a de Lanza, a peça se desenvolveria desde o começo a partir da oposição entre o tirano Creonte e Antígona, que, recusando obediência às suas ordens, se transforma na heroína da cidade[17]. Tanto essa interpretação parece mais plausível que a sequência do texto vem corroborar suas conclusões.

Algumas observações nos parecem, entretanto, sugerir que esse não é o melhor caminho para a compreensão do papel da tirania na peça. Assim, quando Creonte responde agressivamente aos velhos do coro, devemos notar que ainda não sabe quem cometeu o crime. Não fala contra uma forma específica de religiosidade, a religião dos deuses do Hades, fala contra a preponderância de uma concepção da vida coletiva, que transfere para o além a responsabilidade pelos atos que escapam à normalidade. Ora, a recusa da supremacia do discurso religioso não era própria apenas dos tiranos. Foi a democracia que, rompendo com velhos costumes, se viu obrigada a instaurar uma nova compreensão dos deuses. Creonte busca, portanto, mais uma vez legitimar suas palavras adotando ideias que sustentam as cidades livres da Grécia. A prova está em que o próprio coro, logo depois se põe a louvar as qualidades dos homens. "Entre tantas maravilhas do mundo, a grande maravilha é o homem" (*Antígona*, 333).

Esse canto está entre as partes mais famosas da tragédia grega[18]. Sófocles faz um elogio rasgado do gênero humano. Afirma sua capacidade de vencer os outros animais, de criar estratagemas vários, de desafiar a natureza. Inventor da caça, da pesca, da navegação, que transforma os limites da existência dos povos, o homem inventa também a linguagem e o pensamento[19]: "A língua e o pensamento ágil, as leis e os costumes, tudo ele aprendeu sem mestre" (*ibidem*, 349-50). Não há como não reconhecer nesse canto a expressão do orgulho que sentiam os atenienses do século V a.C.

pelas múltiplas conquistas que haviam realizado. O ser temeroso das peças de Ésquilo desaparece, para dar lugar a um ente audaz e vigoroso, desafiador e construtor de destinos. Nessa caminhada civilizatória, duas dificuldades podem interromper a marcha da humanidade: a morte e o desrespeito às leis da cidade. Vejamos como Sófocles descreve esses limites:

"Gênio universal, que nada pode
surpreender, somente do Hades não pode escapar,
embora, em alguns casos desesperados, ele tenha
encontrado o remédio.
Rico de uma inteligência incrivelmente fecunda,
é atraído tanto pelo mal quanto pelo bem
e sobre a justiça eterna
inscreve as leis da terra.
Mas o mais elevado cidadão é banido da cidade
se, na sua criminosa audácia, se insurge contra a
lei" (*Antígona*, 364-74).

No episódio seguinte, Antígona é apresentada pelo guarda como a responsável por ter espalhado a terra sobre o corpo do irmão defunto e, portanto, culpada de ter violado o decreto de Creonte. Começa, então, um diálogo acirrado entre os dois. Creonte insiste no respeito às suas leis; Antígona responde de maneira categórica: "Não acreditava, é certo, que teus éditos tivessem tanto poder, que permitissem a um mortal violar as leis divinas: leis não escritas essas, mas intangíveis" (*ibidem*, 252-4). O sentido do embate se torna mais claro se recordarmos que o conflito entre a lei divina e a lei dos homens é apresentado no canto anterior como parte da condição humana. Assim, o que essa primeira discussão sugere é que o conflito não se dá entre duas personagens, mas entre duas concepções da lei, que não são tão facilmente conciliáveis, como parecia apontar o elogio do homem feito pelo coro. Entre política e religião existem laços indissolúveis, mas também posições inconciliáveis[20]. Nesse sentido, é preciso ver que Antígona não parece disposta a abandonar sua decisão. Podemos ver nisso a afirmação da personalidade heroica, que não se verga sob o peso das circunstâncias[21], mas também um desafio que tem o sabor de uma negação dos valores da cidade. O perigo escondido em sua fala está em que sua devoção à família, no contexto da cidade democrática do século V a.C., não pode ser conciliado com o tão propalado amor à pátria[22]. Antígona se faz heroína contra a lei dos homens. No contexto do elogio ao homem, somos confrontados com a possibilidade de uma obediência à lei divina que, aparentemente, pode ser punida com o banimento da cidade.

A tensão excepcional criada pela força da devoção da filha de Édipo põe no centro da peça uma questão que era certamente angustiante para os cidadãos de Atenas. Não era possível ficar indiferente quando o exercício do poder político parecia conduzir a uma ruptura total com as leis que regem a vida religiosa naquilo que não pode ser negado: a presença da morte. Os dois limites, apontados pelo canto do coro, para o engenho do homem, dominam o desenvolvimento da peça, mas aparecem como dissociáveis ou até mesmo antagônicos.

A solução para o impasse será dada pela própria Antígona, que, sem recuar de suas posições, interpreta as ações de Creonte não como atos próprios de um bom soberano, leal à cidade que governa, mas como manifestações de um tirano, que não hesita em impor sua vontade pessoal contra toda e qualquer regra religiosa, ou mesmo do mais puro bom senso. "Pois a tirania, entre outros privilégios, pode fazer e dizer aquilo que lhe apraz" (*Antígona*, 504), afirma ela diante de Creonte, que insiste em ver em sua devoção um desafio a seu poder pessoal. A tirania livra, dessa forma, o espectador de uma suspeita, que poderia pôr em questão toda a vida política nas cidades democráticas. A partir daqui toda a simpatia do público pode se voltar para Antígona, assim como os habitantes de Tebas passam a apoiá-la, desde que descobrem sua prisão e sua condenação à morte.

Poder-se-ia alegar que chegamos exatamente à mesma constatação das interpretações que condenamos no início. A luta desenvolve-se entre o tirano e a heroína devotada à causa familiar. O que devemos perceber, no entanto, é que, se partíssemos de uma imagem preconcebida do tirano, acabaríamos por esvaziar o significado de sua aparição. Supondo uma concepção negativa de tirania, que parece não precisar de nenhuma outra explicação para revelar toda sua essência, a acusação de Antígona transforma-se num ato banal, repetido por todos os defensores da democracia. Mas o que ela diz não tem relação com a cidade. Ela não opõe uma defesa das instituições democráticas à tirania, seu discurso é político na medida em que sua defesa da religião o é, mas não a ponto de responder às questões de uma cidade que se perguntava pela natureza de suas leis, e pela relação de suas invenções com o mundo dos deuses.

É claro que não é próprio das tragédias responder a questões, elaborar teorias sobre temas relevantes para a vida dos cidadãos. Não podemos, por isso, deixar de lado o fato de que a poesia trágica tinha um papel importante na explicitação das angústias e dilemas de uma sociedade que revolucionava seu tempo em todos os aspectos. A tirania ganha um relevo que não teria se não tivesse sido evocada por Antígona como a chave para sua desgraça. Evitando condenar a cidade, opondo-se a um poder pessoal, ela põe no centro do palco um regime que se desenvolve na sombra, e na negação do espaço público. Isso só é possível porque defende um ponto de vista que não é diretamente político, porque opõe um dever religioso a um poder que em qualquer circunstância é impotente contra as leis divinas que regem o Hades, como já mostrara o coro em seu elogio.

Nosso interesse pode então se voltar inteiramente para a tirania com a certeza de que a descoberta de seu significado não é exterior ao desenvolvimento da peça. Antes de continuar nossa investigação, devemos estar atentos para dois fatos. Em primeiro lugar, que a simples acusação de Antígona a Creonte não é, pelo caráter próprio da devoção à família, suficiente para provar que sua conduta é tirânica. Ela lança uma suspeita, uma pista, que o espectador verá desenvolver-se nas cenas seguintes, e que constituirá nosso objeto de interesse, mas não estabelece uma verdade definitiva – que teria retirado quase toda a força da peripécia –, um dos grandes feitos técnicos de Sófocles (Romilly 1982). Em segundo lugar, não podemos perder de vista que a figura de Creonte não pode ser reduzida a um mero adereço na trama da peça. Como observa Winnington-Ingran, há uma tragédia de Antígona, na qual a figura da heroína ocupa o lugar central e fundamental; mas há também a tragédia de Creonte, que é arrastado, quase como um personagem de Ésquilo, pela inexorabilidade do destino[23]. É esse segundo percurso que vamos acompanhar, através da análise dos dois grandes diálogos que revelam inteiramente sua tirania: sua conversa com Hêmon e sua disputa com Tirésias.

Da primeira parte da peça, podemos reter que a tirania deixa de lado os valores importantes associados à religião do Hades, que desdenha um dos limites do engenho do homem. Isso não nos autoriza a dizer, entretanto, que o comportamento de Creonte seja inteiramente antirreligioso. Como observa Knox, ele professa uma religião da cidade, um culto dos defensores da pólis, que nada tem de irreligioso, embora possa indicar uma certa superficialidade da crença, que, no entanto, não seria recusada pelos atenienses do século V a.C. (Knox 1983: 101).

O terceiro episódio será essencial para os nossos propósitos. Nele assistimos ao diálogo entre Hêmon e seu pai. Creonte, em sua segunda fala, mantém o mesmo tom de suas intervenções anteriores, continua a insistir na superioridade da cidade e de suas leis sobre a religião familiar, professada irrestritamente por Antígona. Mas seu discurso se colore de tons que deixam à mostra seus limites. Tendo diante de si um filho, destinado ele mesmo a reinar, o governante apela para seus sentimentos familiares, para a obediência que um pai espera obter, e depois de condenar sua sobrinha à morte, afirma: "Quem respeita a regra em sua própria família, saberá fazer respeitar a justiça na cidade" (*Antígona*, 659). O interessante do trecho que mencionamos é que Creonte apela para os deveres familiares, para mostrar o pretenso caminho da justiça. Ora, é justamente por não recuar de seus deveres familiares que Antígona está sendo condenada à morte. Devemos supor, assim, que existem diferentes formas de obediência aos valores familiares, e que a verdadeira é a que apaga as fronteiras entre a casa (oikos) e a cidade (pólis), em favor da segunda.

Na sequência da fala de Creonte aprendemos que o valor a ser seguido nos dois domínios é a disciplina (kosmos). O amor filial e a lealdade às leis são transfigurados por uma exigência: a obediência absoluta ao chefe. Na exposição de suas ideias, Creonte vai deslizando para um terreno totalmente diferente do que apresentara no começo. Antes ele já dissera que não aceitava ser submetido a uma mulher, aqui ele faz dessa disputa um ponto essencial: "Melhor ser morto sob os golpes de um homem, do que ser vencido por uma mulher" (*Antígona*: 664). Antígona não é mais julgada por desafiar as leis, mas por desafiar as leis masculinas (Loraux 1988). Sua ameaça é, então, toda política, uma vez que na mente de seu tio está associada ao que considera o perigo maior para a cidade, o oposto da disciplina: a anarquia. "A anarquia é o pior dos males; ela arruína as cidades, destrói os lares, rompe as linhas de combate, semeia o pânico, enquanto a disciplina salva a maior parte dos que permanecem em seus postos" (*ibidem*: 709).

Creonte busca desesperadamente encontrar um ponto de apoio sólido para suas decisões. Tendo procurado falar a linguagem da "ágora", ele tenta agora se apoiar no que considera um discurso racional. Já em sua recusa da intervenção divina no sepultamento de Polinices expressara sua disposição. Dirigindo-se a seu filho, seus argumentos são todos baseados na ideia que tem da razão. É o próprio Hêmon a fazer o elogio da razão: "Pai, os deuses dotaram os humanos da razão, que é o mais precioso dos bens" (*ibidem*, 670). Essa aparente concórdia visa, entretanto, demonstrar a incapacidade que seu pai tem de recorrer a esse bem. Escutando as vozes da cidade, Hêmon faz interagir a multiplicidade de opiniões com a busca de um princípio racional para a ação. A seu pai, ele acusa de não conhecer o verdadeiro sentido dessa operação: "Mas mostre-te menos absoluto em teus julgamentos; não creias ser o único detentor da verdade" (*Antígona*, 709). Creonte conhece apenas o que poderíamos chamar de logicidade restrita de seus próprios atos. A partir de um ponto inicial – um dogma: seus próprios decretos –, ele é capaz de agir, de uma maneira que acredita coerente. Havendo decidido pela interdição dos funerais, deve punir a todos os que se negam a obedecer. O uso que faz da razão é a negação de sua dimensão coletiva, de sua intersubjetividade. Quanto mais "lógica" sua ação, mais distante dos outros habitantes da cidade[24]. Em sua busca do ponto de vista absoluto, ele deixa de ser membro de uma comunidade, para desejar apenas seu próprio mando (kraté).

Hêmon observa, então, que seu pai age contra a opinião pública, desconhece o fato de que todos querem a liberdade de Antígona. Creonte se espanta. Em seu esforço para iludir apropriando-se do discurso democrático, ele não percebe que há uma verdade que lhe escapa, um lugar diferente de sua vontade[25]. Hêmon conclui com ironia a trajetória de descoberta do tirano: "Uma cidade feita por um só não existe" (*Antígona*: 733).

A partir desse momento, Creonte não poderá mais retornar ao ponto de partida que acreditara sólido e coerente. Seus atos são vistos como os de um governante tirânico; o temor provocado por suas palavras advém da certeza de que recorrerá à violência para fazer respeitá-las, não da verdade das mesmas. O governo da cidade pela cidade é convertido no governo da cidade pelo terror. O governante que gostaria de se mostrar racional, razoável, se descontrola (akrasia) diante dos argumentos do próprio filho[26]. O racionalismo de Creonte é na verdade uma redução do mundo ao visível, ao imediato, ao que pode ser alcançado pelo que acredita ser os limites de seu poder[27]. Nessa revelação progressiva da natureza do tirano, feita por Hêmon, mesmo a capacidade de discernimento político, que seu pai parecia ter, se dissolve. Vivendo num universo fechado, em que a vontade pessoal é convertida na fonte da lei, ele não sabe nem mesmo distinguir o inimigo (echthros) do amigo (philos), porque não sabe reconhecer a distância que separa seus desejos da realidade. Por outro lado, a fusão que quer realizar entre a casa e a cidade termina por confundir em um só o déspota (despotés) e o tirano, apagando a diferença entre o comando dos membros de uma célula familiar (oikos) e o governo dos homens livres. Creonte, o que quer a cidade de um só, deseja apenas a si mesmo e não sabe mais reconhecer a distância que o separa dos criadores divinos da lei.

Com a saída de cena de Hêmon, o coro e os espectadores sabem que estão diante de um tirano. Seus atos apenas confirmam essa revelação, mas será preciso um segundo movimento, para que a tirania se mostre ao próprio tirano. O coro, é verdade, tenta recorrer à razão para dizer a Creonte dos riscos que está correndo, deixando seu filho ir embora enfurecido. Mas, como vimos, o tirano tem da razão uma concepção muito especial. Partindo da recusa da intersubjetividade, nada pode ser dito pelo coro, em contradição com suas ideias, que soe como verdadeiro. Resta, no entanto, a instância religiosa que, embora tenha sido desprezada em sua forma particular de respeito aos mortos, ainda faz parte do universo mental do tirano, que concebe uma ligação íntima entre os deuses e o poder político. É o próprio Creonte que o reconhece, quando, diante de Tirésias – adivinho de Apolo –, afirma: "Nunca me distanciei de teus conselhos" (*Antígona*, 992). Esse respeito, que sugere uma adesão aos deuses do Olimpo, diferente do que manifesta aos deuses do Hades, rapidamente se transforma.

Creonte e Tirésias trocam no começo do quinto episódio palavras amáveis, que sugerem um entendimento perfeito entre os dois e também a possibilidade de existência de uma certa harmonia entre o poder político e os desejos dos deuses superiores. Essa impressão, no entanto, rapidamente se desfaz. Quando Tirésias afirma que o problema de Tebas é o próprio governante, ele perde a cabeça e, numa reação de ira (orgé), acusa o adivinho de tramar contra seu poder: "Ah, velho, como todos os arqueiros, você me toma por alvo" (*ibidem*, 1033). Mais uma vez Creonte confunde seus interesses com os da cidade; mais uma vez vê na diferença de opiniões, e na igualdade de posições que permite seu enunciado, uma ameaça direta a seu poder (kratos). Na sequência de seus confrontos, ele termina por deixar claro que o uso que fizera de alguns tópicos do discurso democrático era puro embuste. Desde que se trata de levar às últimas consequências as exigências de uma sociedade, que aprendeu a escutar na praça as divergências entre seus membros, ele se mostra violento e intransigente, pronto a usar a força para manter o que acredita serem as leis: a expressão de sua própria vontade.

Com o adivinho não é diferente. Numa troca ríspida de acusações, Creonte chega a dizer: "Que toda a raça de adivinhos ama pois o dinheiro". Ao que Tirésias replica: "A dos tiranos não desdenha os ganhos torpes" (*Antígona*, 1055-6). Como nos mostra Lanza, aparece aqui mais uma vez o tema do ganho, ou da avidez do ganho (kerdos), associado à tirania (Lanza 1977: 53-4). O tirano acusa o servidor de Apolo de agir movido pelo desejo do dinheiro. Ora, fazer do dinheiro uma mola da ação política é na verdade uma constante nas falas de Creonte. Desde o começo, antes mesmo de saber que o cadáver de Polinices havia sido sepultado, ele declara: "Mas a cupidez arruinou frequentemente os homens" (*Antígona.*, 221-2). Depois que toma consciência do fato, ele explode num discurso violento: "O dinheiro. Ah! maldita raça, calamidade dos humanos! Ele arruína as cidades, expulsa os homens de suas casas; mestre corruptor, perverte as consciências, lhes ensina astúcias criminosas, as inicia em todas as impiedades" (*ibidem*, 296-8). Estamos sem dúvida diante de uma tópica do discurso tirânico, mas não basta reconhecer-lhe a pertinência, nem mesmo mostrar sua repetição em vários tiranos trágicos, é preciso descobrir seu sentido, a maneira como participa de uma concepção do político, que se opõe às formas legítimas de governo.

Devemos, assim, começar observando que ao longo da peça

é sempre Creonte que alude à questão. Mesmo na disputa com Tirésias, o adivinho apenas responde a uma acusação, não a descobre, nem mesmo insiste sobre ela. É claro que podemos afirmar que se trata de um traço do tirano, que seria perfeitamente reconhecido pelo público, mas, na trama da *Antígona*, o desejo de ganho é mais importante para o tirano do que para os que a ele se opõem. Não basta, portanto, insistir sobre sua repetição e sobre o fato de que isso acrescenta um traço fundamental à nossa caracterização do governante extremo; é necessário tentar desvelar seu significado. Para tanto, devemos observar que o tirano não acusa Antígona de agir por dinheiro, nem seu filho, ambos estão associados ao amor (Segal 1981, p. 197). Faz a acusação aos guardas e a Tirésias, quando suspeita que ele manifesta ambições políticas. Dinheiro associa-se, portanto, diretamente ao exercício do poder (kratos), ao domínio sobre os outros homens (arché). No primeiro caso a acusação é fácil de se compreender, pois Creonte ainda não sabe quem sepultou Polinices. No segundo, as coisas são mais complexas. Tirésias é o representante da religião dos deuses superiores, sua relação com a cidade é de uma natureza diferente da dos outros cidadãos. No momento em que discorda do tirano, perde a seus olhos toda a independência, para se transformar em um personagem das lutas políticas mais corriqueiras. O artifício usado por Creonte é, pois, o de converter todas as ações em ações políticas, o de reduzir o universo dos interesses alheios a um universo político. Como tem da política uma visão redutora, pode ver no dinheiro um valor universal, capaz de motivar todas as oposições a seu poder pessoal. Tirésias é acusado, portanto, de não ficar restrito ao domínio de sua competência: a profecia. Mas para um tirano não há domínio fora de seu mando que seja essencial. Desde que algo de significativo é dito, que possa afetar sua posição, ele deve combatê-lo, pois compreende que sua vontade está sendo posta à prova pelos desafios do tempo.

A tirania de Creonte é, assim, um desafio ao amor de Antígona por seus mortos, à razão e ao bom senso expresso por seu filho e partilhado pela cidade, à profecia e ao que escapa da compreensão imediata dos homens. O tirano, para ser bem-sucedido, deve impor sua lei, limitar a liberdade dos outros e, por fim, limitar-se a si mesmo, diminuir sua autonomia, para que os princípios simples que o guiam, e que não podem ser contestados, continuem a comandar suas ações.

Creonte fracassa. Diante das ameaças de Tirésias, ele cede, e como não sabe agir fora da tópica tirânica, pede ajuda ao coro: "O que fazer? Dê-me um conselho e eu o seguirei" (*Antígona*, 1097). O tirano, que pretendia romper com os limites impostos aos homens por sua própria natureza, e que foram cantados pelo coro no início da peça, termina por reconhecer que o melhor é obedecer à lei, às leis fundamentais (*id., ibid.*: 111). Mas ele reconhece seus erros tarde demais. Antígona suicida-se, o que leva seu filho e herdeiro a fazer o mesmo. Por fim, sua esposa também o abandona, preferindo habitar o reino escuro do Hades, a partilhar a sorte do tirano.

Antígona vence, fez o que os deuses esperavam dela, mas nem por isso é salva. Impondo-se a morte, ela comanda o destino de seu adversário; percorre o caminho dos heróis e entra no Hades gloriosa[28]. Sófocles conclui com a superioridade dos atos que se acordam com a vontade dos deuses; conclui que nada pode vencer a força dos imortais e que o destino humano passa necessariamente por suas leis. O herói é mestre de suas ações, age sempre de maneira determinada, mas não comanda seu destino. Os que, como Creonte, pretendem governar o mundo de acordo com uma vontade soberana e absoluta são condenados ao fracasso e à punição.

O final da peça pode, no entanto, nos induzir a um erro, próprio de uma tradição que se contenta com a condenação moral da tirania. Com efeito, não há como negar que Creonte é derrotado, esvaziado de suas crenças e destituído de suas esperanças – depositadas em sua família e em seu poder. Mas um fato não deve escapar de nossas análises. Creonte termina a peça como governante de Tebas. Esse fato talvez não tivesse tanta importância se considerássemos que Sófocles se preocupa sobretudo em mostrar o destino do tirano em relação direta com o comportamento heroico de Antígona. Mas o autor trágico fala para uma sociedade que vive um processo político complexo. Ainda que seu texto não seja o reflexo direto de questões políticas e institucionais da época, é inegável que estas são o pano de fundo de uma trama que põe em cena personagens conhecidos dos habitantes de Atenas. Assim, o fato de que o núcleo da *Antígona* não possa ser identificado com o problema da tirania não nos impede de retirar algumas lições interessantes, que não se confundem com a simples condenação dos atos do tirano.

Creonte é o inimigo de Antígona. No correr da peça, essa inimizade transforma-se na medida em que Hêmon e depois Tirésias mostram que seus atos são contrários à vontade da cidade e à vontade dos deuses. Seria apressado, no entanto, afirmar que a desaprovação dos deuses coincide inteiramente com a da cidade. Se existem pontos de contato evidentes, também existe uma diferença essencial. Como mostra Knox, Antígona tem razão contra Creonte, quando insiste em sua devoção familiar, e isso é aprovado pela cidade, mas a coincidência de pontos de vista é, nesse caso, acidental[29]. A menos que a "pólis" se converta numa associação de devotos, é evidente que o culto aos deuses chocava-se muitas vezes com os direitos políticos. Antígona é a prova de que o conflito é possível, mesmo que Sófocles insista na correção de seus atos. Ora, os atos de Creonte não são todos baseados em uma concepção errada da vida na cidade. Se ele erra, é sobretudo porque se transforma em tirano, não porque escolhe defender os interesses da "pólis" contra os interesses das antigas famílias. Como já dissemos, a descoberta da tirania de Creonte é um processo que não modifica a trajetória trágica de sua sobrinha, mas traz para a cena uma visão diferente e inquietante da natureza das leis humanas.

Nesse sentido a discussão com Hêmon é essencial, porque marca a desaprovação propriamente política dos atos de Creonte, que não podia ser feita nem por Antígona, nem por Tirésias. Dessa maneira, fica claro que a tirania é um governo que a cidade rejeita, não só pelos motivos religiosos, mas também por algo que não pertence ao campo do direito divino. Creonte é uma ameaça para todos, porque expõe o corpo político à ira divina, ao mesmo tempo em que revela aos cidadãos os limites de sua condição de inventores de lei. O tirano é assim o outro da democracia, o negativo de um regime que exige a associação entre liberdade e igualdade. Mas é precisamente enquanto faz parte do político, enquanto é uma possibilidade sempre inscrita na democracia, que ele é temido. Para a cidade livre do século V a.C., talvez o mais terrível de um personagem como Creonte estivesse no fato de que ele não era o estrangeiro invasor, não era nem mesmo o usurpador banal do trono. Seu comportamento, sua tentativa de enganar, seu pretenso apego à coisa pública, eram traços do comportamento de muitos dos líderes democráticos do tempo. Mesmo sem buscar identificações históricas precisas (Meier 1991: 245), estamos em condição de dizer que a tirania era o grande inimigo da democracia nascente, na medida em que encontrava em suas instituições o terreno fértil para se desenvolver. O que os atenienses temiam é que a procura de novos caminhos, a descoberta de novas leis, pudesse se transformar no inverso da liberdade. O tirano fracassa, mas não foi nem o apelo à razão nem mesmo a profecia que o detiveram, mas a punição dos deuses, que escapa ao alcance da ação humana. A democracia encontra na tirania seu limite e seus medos, um companheiro terrível do qual não pode se separar, para continuar a existir enquanto regime que cria algo diferente da tradição. O risco, inerente à condição humana, permanece na medida em que os personagens de Sófocles nos confrontam com a incapacidade dos homens de prever os acontecimentos e, assim, desvelar a lógica da ação dos deuses.

2.4. ÉDIPO TIRANO

Apesar da insistência com a qual os tradutores brasileiros dão à peça de Sófocles o título de "Édipo rei", é preciso dizer que se trata de um engano; Édipo é tirano. É verdade que, no contexto do século V a.C., a palavra "tyrannos" foi muitas vezes empregada para significar o governante de uma cidade, sem um significado especificamente negativo. Mas esse não é o caso de Édipo. Ele reúne várias das características que apontamos anteriormente e, sobretudo, age como um tirano a partir de um dado momento. Poderíamos, é claro, insistir sobre a reviravolta, sobre o fato de que no começo da peça o governante aparece na pele do protetor da cidade, mas esse não será nosso caminho. Ao contrário, procuraremos mostrar que a constância do uso do termo na peça não é fortuita e que a análise de algumas passagens particulares ajuda-nos em nosso propósito de compreender a figura do "tirano trágico" e sua importância para o pensamento político grego[30].

A tese oposta foi defendida por Lanza, que, comentando a questão, afirma: "Édipo não é um tirano: seu papel na tragédia é diferente do dos outros personagens tirânicos, sua relação com o público é diferente. O papel de Édipo não é o de um deuteragonista, de um polo negativo em uma dialética dramática que pode contar também, e sobretudo, com um polo negativo, a figura do antitirano" (Lanza 1977: 141). Essa interpretação considera como fundamental o fato de que o governante de Tebas se apresente no início como um bom soberano. Efetivamente, Édipo parece ser querido por seus súditos. Diante da peste que dizima a cidade, sua intervenção é requerida como a única capaz de resolver os problemas que afligem a todos. "Esta cidade lhe pede socorro, porque você já se devotou a ela antes", afirma o sacerdote[31]. Ele, por sua vez, não hesita em se engajar na busca de uma solução, depois de ter ouvido da boca de Creonte que Apolo exigia reparação para a morte de Laios, ocorrida antes de sua chegada a Tebas, e sobre a qual pouco ouvira falar. Antes de agir, no entanto, o governante, como numa democracia, convoca a assembleia do povo para deliberar; decisão que tem um peso grande para os que insistem na tese de que Édipo encarna com perfeição o papel do bom soberano, devotado à causa pública[32].

Se ficarmos atentos para alguns detalhes do texto, veremos que essa interpretação deve ser nuançada. Em primeiro lugar, a forma com que Édipo ocupou o poder era típica dos tiranos. Estrangeiro (xénos métoikos), desconhecido, dotado de habilidades que ultrapassavam as dos outros habitantes de Tebas, ele alcança o poder mediante um ato – a resolução de um enigma – que nada tinha de político, nem dependia de uma sucessão legítima. Assim, embora pudesse ser amado por seus súditos, não era possível esconder o fato de que não podia ser chamado de rei (basileus). No século V a.C. a tirania não chegou a constituir uma experiência típica da vida ateniense, o que não impedia Sófocles de recorrer a uma tópica do século anterior, plenamente compreensível para os espectadores, para construir seu personagem. Nesse sentido, o fato de que Édipo era amado não constituía surpresa, uma vez que, como vimos, o tirano podia ser apenas o que chegara ao poder de forma ilegítima. Se essa percepção vinha sendo alterada ao longo do tempo, como parece ter sido o caso, não é de se desprezar a possibilidade de que Sófocles procure, pelo menos no começo da peça, jogar com a ambiguidade da situação de Édipo[33].

A corroborar nossa hipótese está o fato de que Édipo se mostra o tempo todo preocupado com sua origem. No primeiro episódio, quando exorta os habitantes a ajudarem na procura do assassino de Laios, ele declara: "E quanto a mim, que sucedo a este rei, que esposei sua esposa, e que teria considerado seus filhos meus filhos, se sua raça tivesse prosperado – mas a fortuna também nisso lhe foi desfavorável –, em nome de todos esses laços, combaterei por sua causa como se fosse meu pai" (*Édipo*, 258-68). Já próximo do desfecho, no terceiro episódio, quando sua verdadeira identidade está para ser revelada, ele ainda se apega à ideia de que talvez sua origem fosse ainda mais baixa do que supusera[34]. Diante da hesitação do mensageiro, ele diz: "Não tenha medo. Mesmo que venha a saber que sou escravo desde a terceira geração, tua honra, tua linhagem, nada perderá!" (*ibidem*, 1061-3). Édipo, portanto, se sabe tirano, luta para não deixar sua história pessoal, ou o que acredita ser sua história, influenciar seus passos no governo de Tebas. Mas sabe que, para superar os obstáculos, pode contar com armas que não são comuns, aos olhos da tradição. Quando promete livrar a cidade da peste, promete recorrer à mesma habilidade que o transformou no governante estrangeiro de Tebas: sua capacidade de resolver enigmas (*ibidem*, 132).

Um segundo ponto não deve ser deixado de lado. Como observou Lévi-Strauss (Lévi-Strauss 1975: 245 e ss.), e depois Vernant (Vernant 1986, Cap. 3), o próprio nome de Édipo dá uma pista de sua condição. O de "pé inchado", o que "manca", parecia ser marcado para exercer um poder arbitrário. Reportando-se a Heródotos, Vernant nos mostra como uma certa ideia da tirania estava relacionada com a imagem do rei manco, ou da "realeza manca", que não pode deixar de se transformar num regime arbitrário e violento[35]. Mesmo sem avançar demais no paralelo de Édipo com a linhagem dos Labdácidas, é possível dizer que, para o espectador, sua condição anormal não era desconhecida. As lendas que envolviam os "tiranos mancos", que terminaram por transformar a figura de Periandro numa espécie de paradigma na literatura grega[36], faziam do "desconhecido" Édipo um personagem relacionado com a tirania.

Podemos concluir, assim, que desde o começo da peça, o governante de Tebas é um tirano, que se vê como um tirano e que procura fugir dos riscos inerentes à sua condição de ocupante ilegítimo do trono adotando um comportamento que lembra o dos líderes democráticos. A tirania de Édipo é, no começo, uma referência à forma de ocupação do poder e não à forma de seu exercício. Nesse sentido, cabia perfeitamente no quadro conceitual do século anterior, que privilegiava a forma de ascensão ao poder em relação ao exercício do mando. Mas esse quadro iria se alterar pouco a pouco e a análise de alguns aspectos desse percurso pode ser valiosa para nossos propósitos.

Vamos começar pela aparição da figura extraordinária de Tirésias. Ao contrário da Antígona, ele é convocado logo no começo da peça, e, na primeira troca de palavras, acusa Édipo de ser a causa da infelicidade de Tebas. Esse diálogo ríspido, que leva ambos a trocar ameaças, tem um papel essencial no desenvolvimento da trama. Devemos observar que Tirésias foi chamado por Édipo, porque nenhum dos membros do coro foi capaz de fornecer uma pista para a procura do assassino. Num primeiro momento, Édipo concorda que Tirésias pode desvendar o acontecido, uma vez que está próximo da verdade: "Tirésias, tu que sabes tudo, as verdades reveláveis e as verdades interditas, as coisas do céu e as coisas da terra, sois cego, mas sabes de que mal sofre esta cidade" (*Édipo*, 104-7). Depois, quando acusa Édipo de ser o responsável pela desgraça que se abatera sobre Tebas, as coisas mudam radicalmente. Seu poder é negado como um embuste torpe: "A verdade? E quem lhe teria ensinado? Duvido que tua arte sirva para tanto" (*ibidem*, 356-7).

Para Édipo, nesse momento, o que está em questão é a capacidade de Tirésias de alcançar a verdade. Mesmo tendo afirmado que estava em seu poder atingir o fundo das coisas, o tirano rapidamente muda de opinião, quando conhece o conteúdo de suas revelações. Erraríamos, no entanto, se pensássemos que Édipo perde a cabeça apenas porque Tirésias o acusa. É verdade que seu comportamento se aproxima rapidamente das características que apontamos em Creonte, na *Antígona*. Ele mesmo reconhece que a raiva toma conta de sua mente; ele suspeita de Creonte, do complô que teria armado com o adivinho, para roubar-lhe o poder. Mas o mais importante é que ele duvida da capacidade do adivinho, duvida que os laços com Apolo sejam verdadeiros, ou que possam servir para revelar a verdade. Sua desconfiança baseia-se em seu próprio método, no caminho que seguiu para alcançar o lugar que ocupa em Tebas: "Foi então que Édipo se apresentou, ele não sabia de nada; não consultou os pássaros: por um simples esforço de reflexão acabou com o monstro" (*ibidem*, 395-7).

Édipo revela-se. O herói que começara falando a linguagem das cidades democráticas, reclama para si o poder do cálculo e da resolução racional das dificuldades[37]. Para que esta não seja apenas uma arte secundária e indiferente, ele não hesita em comparar sua habilidade com a de Tirésias. Ora, o adivinho não pode suportar uma tal afronta. Sua força não depende do poder político, como ele mesmo declara: "Eu não estou a seu serviço, sou o ministro de Loxias" (*Édipo*: 408). Além do mais, o que está em questão não é tanto sua dependência em relação a este ou aquele governante, mas o significado mesmo da profecia. Se Édipo tem razão, o discurso profético deve ser reduzido ao campo comum da linguagem humana e com isso terá de se comparar aos outros discursos, que são acolhidos pela cidade em suas disputas corriqueiras. Tirésias percebe a armadilha. Para que ele não seja apenas mais um dos que desejam ocupar o trono, deve revelar para a cidade a fonte de sua maldição. Depois de ter desafiado Édipo a usar de seu poder de decifração – "Não és tu excelente na adivinhação de enigmas?" (*ibidem*: 340) –, ele afirma mais uma vez sua independência, e diz claramente que o culpado se encontra em Tebas, e será punido com a perda dos olhos. A partir daqui o discurso profético já jogou todas as cartas. Édipo fora alertado, quando jovem, do destino cruel que o esperava. Procurando fugir dos deuses, ele se refugiou em um país estrangeiro, distante da possível fonte de seus males. Com isso acreditara escapar do oráculo e, dessa maneira, colocar em xeque os fundamentos de uma crença fundamental da religião grega da época[38].

Sabemos que Édipo é derrotado, que sua tentativa de desafiar o oráculo termina em catástrofe. Não é nossa intenção, no entanto, repetir as análises de sua queda. A bibliografia a esse respeito é abundante, e pouco ganharíamos se nos detivéssemos na reconstituição de suas grandes tendências, uma vez que a gama de questões abordadas é enorme e nos conduziria muito longe de nossas preocupações. Vamos concentrar nossa atenção nas peculiaridades do comportamento tirânico de Édipo, certos de que isso alargará nossa compreensão do fenômeno no século V a.C.

Voltemos, então, ao tirano calculador que desafia o poder de Tirésias. As ameaças do profeta não são, num primeiro momento, capazes de abalar a confiança de Édipo em seu próprio poder. Ele desconfia de Creonte, porque as razões que apresenta, para provar que não desejava seu lugar, não são coerentes do ponto de vista de quem governa, sobretudo de quem governa por ter alcançado o poder pelos atributos que o distinguem dos outros homens. Creonte alega motivos perfeitamente compreensíveis para os cidadãos; demonstra que sua posição de proximidade com o poder é uma posição de poder, livre dos inconvenientes do exercício efetivo do mando: "Como a realeza me seria mais prazerosa do que o exercício de uma potência livre de qualquer preocupação?" (*Édipo*, 593). O coro parece estar de acordo, mas Édipo não vê nessa resposta senão a astúcia de quem almeja conquistar uma posição elevada. Mais uma vez, nesse diálogo, vemos se reproduzir o que já ocorrera na *Antígona*: o tirano transforma tudo em política, converte todas as ações em movimentos destinados a mudar as relações de poder. Como dispõe, para se assegurar de seu mando, apenas de sua própria capacidade, não pode aceitar com facilidade as razões de um outro, que não apresentam uma evidência de verdade suficiente para abalar suas crenças[39].

Édipo será fiel a seu método até o fim. Édipo calcula até descobrir que a profecia era verdadeira. No caminho para a revelação ele procura desesperadamente uma incongruência, uma falha, pois acredita que nada pode trair a certeza dos números. Assim, quando Jocasta lhe dá detalhes da morte de seu marido, ele afirma, referindo-se ao relato da única testemunha da morte de Laios: "Se ele mantiver que eram muitos, não cometi essa morte, pois quem diz muitos não diz um só" (*ibidem*: 593). Ao longo da série de revelações que conduzirão à sua desgraça, Édipo se mantém firme em sua posição inicial, até mesmo quando descobre que Tirésias tinha razão e que o último cálculo conduzia a si mesmo: "Como tudo está claro agora!... ó luz do dia, que eu possa olhar-te pela última vez. Eu a mim mesmo me desvelei: filho indesejável, esposo contra a natureza, assassino contra a natureza!" (*Édipo*: 854). Como nos diz Knox: "A profecia cumpriu-se. Édipo conhece a si mesmo pelo que é. Ele não é o medidor, mas a coisa medida, não o construtor de equações, mas a coisa equacionada" (Knox 1983: 105).

Se não resta dúvida de que Édipo é derrotado por Tirésias, que desde o começo sabia da desgraça que o esperava, devemos reconhecer que o "cálculo de Édipo" revelou-se verdadeiro. Seguindo apenas os caminhos da razão e da "boa proporção" entre as coisas, ele terminou por saber que era o termo que faltava na equação de Tebas. Com isso, seu poder não se mostra superior ao dos adivinhos de Apolo, mas também não se mostra falso. Sua condenação não é devida ao fato de que calcula para chegar ao poder e procura manter-se por tal via, mas por um destino do qual não pode escapar. Com isso, Sófocles deixa claro que a religião não podia ser desprezada, mesmo pelo mais poderoso tirano. O leitor, no entanto, não é devolvido, como em Ésquilo, a um mundo povoado por deuses justiceiros. A arrogância de Édipo é por demais semelhante à da própria Atenas, para que sua perda pudesse servir de consolo. Contribui, para isso, o fato de que a ambiguidade de Édipo, como observa Vernant, "não traduz a duplicidade de seu caráter, que é feito de uma só peça, mas mais profundamente, a dualidade de seu ser. Édipo é duplo" (Vernant 1988: 108). As lições que a cidade pode retirar do destino de Édipo são excessivamente importantes para que possamos nos contentar apenas com a conhecida aversão à tirania.

Para continuar nossas análises devemos reconhecer, portanto, que a tirania de Édipo é de outra natureza que a de Creonte na Antígona. Se ao longo da peça ele reúne todas as características que apontamos até aqui nos tiranos, suas peculiaridades podem aumentar nossa compreensão da importância da tirania para o imaginário democrático do século V a.C.

Comecemos pelo fato de que Édipo se apresenta como o herói civilizador (Segal 1981, p. 207-32). Sua capacidade de cálculo é semelhante à de Atenas, que mediante estratagemas racionais fora capaz de acabar com a hegemonia dos persas. Ele se apresenta como o estrangeiro cujo saber podia aspirar a uma forma superior de mando, baseada apenas na competência e na razão. Tirano pela forma como chegara ao poder, ele irá revelar sua face violenta e cruel à medida que seu poder é ameaçado, mas, sobretudo, a partir do momento em que seu poder de cálculo é posto à prova pelo novo enigma que deve decifrar. Os paralelos com a cidade de Atenas são evidentes e não podem ter escapado ao espectador da época, que, como já dissemos, se inquietava com os passos audaciosos dados por sua cidade. Mas Édipo vai ainda mais longe, apagando até mesmo os traços que unem a cidade a si mesma através de seu passado e de suas histórias. Édipo não possui nem passado nem futuro, sua existência é toda no tempo presente, e sua força sem raiz. Pondo juntas gerações que deveriam se distinguir, ele acaba por esposar sua mãe, se transformar no irmão de seus filhos; no esforço de civilização, ele queima todas as etapas e se perde no emaranhado de uma razão calculadora, que pretendia alcançar a máxima claridade (Segal 1981: 208). O preço do desejo ilimitado de ver claro serão seus olhos, sua capacidade de se elevar acima dos outros homens.

Na confiança em seus poderes, Édipo estampa o desejo secreto de igualar-se aos deuses. Recusando os conselhos de Tirésias, ele faz mais do que apontar a falsidade da condição do adivinho. Na verdade, pouco importa se ele tem razão ou não; o que Édipo pretende mostrar é que a proximidade com os deuses pertence aos que como ele ultrapassam as barreiras da normalidade; aos que exploram – como Atenas – os limites criados pelos novos tempos. A queda no final serve como um sinal de alerta. A pretensão de romper a ordem, de desafiar o tempo, se mostra vã. Édipo, já foi dito, não podia escapar de seu destino. Mas o que chamamos de seu destino contém muito do que aos poucos os gregos iam reconhecendo como a condição humana. Édipo é meio homem, meio besta, assim como os que, a cada momento naquele século cheio de inovações, iam descobrindo novas fronteiras de sua própria humanidade[40]. Recusando-se a fazer o igual dos homens, Édipo se aproxima dos deuses, para se tornar menos do que todos os mortais. O coro, antes do último episódio, reconhece esses limites e aponta os extremos atingidos pelo magnífico tirano: "Muito alto em direção ao zênite, este homem lançou sua flecha, ele era o mestre de uma felicidade sem sombras" (*Édipo*, 1196). Logo em seguida os velhos afirmam: "Mas hoje a que desgraça pode a sua ser comparada? Nunca calamidades e provas rudes mudaram tanto a face de uma vida" (*ibidem*, 1205). Édipo, o senhor dos enigmas, transforma-se na síntese perfeita da condição do homem, no símbolo vivo dos riscos que atormentavam uma sociedade inovadora (Segal 1981: 213).

O final da peça era quase uma necessidade para o teatro da época, sobretudo o de Sófocles, ainda tão próximo da devoção e do respeito aos deuses. Mas, mesmo o piedoso autor reconheceria mais tarde, em *Édipo em Colona*, que seu personagem tinha algo de especial, assim como sua cidade, ainda que os limites entre o divino e o humano permanecessem inalterados. Como observa Knox: "O renascimento do jovem e confiante Édipo no homem velho e cansado enfatiza a mesma lição; define mais uma vez os limites do homem e o poder dos deuses, reafirma que a posse de conhecimento, certeza e justiça é o que distingue os deuses do homem" (Knox 1983: 107).

Com Édipo cria-se um novo paradigma para a compreensão da tirania. No começo, ele é o tirano típico do século VI a.C., o que chegara ao poder por vias ilegítimas. Por isso, pode agir "corretamente" com os cidadãos de Tebas sem despertar suspeitas. Como muito dos tiranos atenienses, seu comportamento não chega a ser excepcional, ainda que um certo temor acompanhe os súditos que devem se dirigir a ele. Aos poucos, no entanto, Édipo vai se transformando, ou melhor vai mostrando os traços verdadeiros de seu ser: sua ira, seu medo dos adversários, sua avidez, seu orgulho. Quanto mais age, mais age como um verdadeiro tirano. Mas esse movimento de desvelamento de seu ser é acompanhado por um movimento contrário, que faz do aventureiro o herdeiro legítimo do trono. Quando Édipo finalmente descobre sua história, transforma-se no mais desgraçado dos homens, ao mesmo tempo em que conhece sua origem nobre e, portanto, a legitimidade de seu poder. É claro que sua punição não deriva do fato de que ocupara como tirano o poder em Tebas, assim como Creonte não é punido na *Antígona* com a perda do poder. Mas é preciso que ele sofra, para que a cidade recupere suas forças. Assim, no lugar da identidade possível entre o tirano e o "pharmakós", Sófocles escolhe a oposição rei divino-pharmakós, para mostrar a dupla face do herói (Vernant 1988: 126). Com isso, o grande autor traz à cena um personagem totalmente diferente do da lenda. Síntese da condição humana, é também síntese dos riscos de uma nova aventura que, na radicalidade de suas propostas, esbarra nas amarras da religião, ou talvez nos limites do próprio homem[41].

Como resume muito bem Vernant: "É que no imaginário grego a figura do tirano, tal como ela se desenha nos séculos V e IV a.C., esposa os traços do herói legendário; eleito e maldito. Rejeitando todas as regras que fundam, aos olhos dos gregos, a vida em comum, o tirano se põe fora do jogo social. Ele é exterior ao conjunto de relações que une, seguindo normas precisas, o cidadão ao cidadão, o homem à mulher, o pai ao filho. Ele se distancia, para o melhor e para o pior, de todos os canais através dos quais os indivíduos entram em comunicação uns com os outros e constituem uma comunidade civilizada" (Vernant, 1986: 68).

O tirano torna-se com Édipo um personagem extraordinário, ao mesmo tempo maldito e essencial para a cidade democrática. Atenas, que historicamente vira a democracia nascer de uma longa experiência com a tirania, concentra seus medos nessa figura sem limites, próxima dos deuses e das bestas, que parece poder habitar suas paragens com a mesma naturalidade que seus oradores, seus militares ambiciosos, seus demagogos. O que a tragédia faz, e que amedronta a orgulhosa Atenas, é mostrar que a experiência da tirania, que tende a representar com a da explosão dos limites do humano, e que no mais das vezes termina com a punição do personagem, é parte constituinte da cidade, está inscrita em suas possibilidades. No século V a.C. o tirano não chegou a ameaçar os cidadãos atenienses, mas teve um papel decisivo no momento em que a cidade democrática buscava construir sua autoimagem. Ao explorar novos caminhos, buscar uma nova identidade, Atenas reconhecia em suas ações com relação às outras cidades gregas os traços de um comportamento que procurava afastar de sua vida política. Édipo, assim como Atenas, ultrapassa todas as barreiras, mesmo que involuntariamente, e expõe o fato de que democracia e tirania não constituem realidades excludentes e opostas. A tirania de Édipo é, pois, o oposto simétrico de uma democracia que às vezes mesmo ele parece querer respeitar. Ela fornece a imagem de um ideal negativo, que pesa forte para uma cidade que se bate para construir sua nova identidade a partir da descoberta de novas fronteiras da condição humana.

No século seguinte, a filosofia retomou o discurso sobre a tirania de um ponto de vista diferente do das tragédias. Não haverá mais lugar para o ideal democrático, que já terá passado pelas difíceis provas do final do século V a.C. Além do mais, a tirania voltou a ser no século IV a.C. uma preocupação efetiva das cidades gregas mais importantes. A oposição democracia-tirania será posta à prova por um discurso que, trazendo para dentro da cidade as exigências de uma racionalidade cada vez mais potente, não pode mais se contentar com o elogio da liberdade política e com a defesa das novas instituições. No século V a.C., no entanto, as tragédias, enquanto faziam parte da vida política ateniense, foram o palco da criação de um novo discurso sobre a tirania, capaz de dar conta do surgimento das novas forças políticas e da justificação dos novos comportamentos, conservando ao mesmo tempo os temores e dúvidas próprios a uma sociedade tradicional, que num espaço de tempo muito curto experimentou mudanças nunca vistas pelas pequenas cidades da Grécia. O tirano trágico foi, nesse processo, um personagem especial; ele trouxe para a cena a figuração dos limites da experiência democrática ateniense, que, entre outras coisas, colidia de frente com a representação que os gregos tinham dos deuses e com a normas da conduta religiosa do tempo. Besta e deus, ao mesmo tempo, ele era a encarnação de todos os riscos e de todas as possibilidades de uma humanidade que não mais conhecia sua face.

NOTAS

1 Platão, *República*, 568b. O interessante da citação é que muito provavelmente ela é de uma peça perdida de Sófocles, e não de Eurípedes. Nesse caso, o "engano", longe de enfraquecer a tese platônica, torna-a ainda mais forte, abarcando todo o gênero trágico, e não apenas um de seus expoentes.

2 Ver, a esse respeito, o quinto capítulo do livro de Albin Lesky (Lesky 1970).

3 Para uma discussão sobre os vários pontos de vista a respeito da questão, ver Euben 1986.

4 Ver, sobretudo, a crítica que Jean-Pierre Vernant faz dessa posição. No capítulo dedicado às tensões e ambiguidades na tragédia grega, ele afirma: "Mas, se a tragédia parece assim, mais que outro gênero qualquer, enraizada na realidade social, isso não significa que seja um reflexo dela. Não reflete essa realidade, questiona-a" (Vernant 1988: 23).

5 Logo no começo de seu livro C. Meier afirma: "Le présent ouvrage part de l'hypothèse qu'au Vème siècle il existait entre tragédie et politique une connexion très étroite" (Meier 1991: 12).

6 Para uma abordagem histórica, baseada em muitos dados arqueológicos, sobre a origem das cidades-Estado gregas, ver Polignac 1984.

7 "Dans l'Athènes du Vème siècle, non seulement la politique interiéure et extérieure, mais aussi l'expansion économique et la vie intellectuelle sont nouvelles et sans précédents" (Meier 1991: 42).

8 Sobre a autoimagem dos atenienses no século V a.C., ver MacIntyre 1991.

9 Para uma discussão do problema da vontade na obra de Ésquilo, consultar Vernant 1988, Cap. 3.

10 "O agente, em sua dimensão humana, não é causa e razão suficientes de seus atos; ao contrário, é sua ação que, voltando-se contra ele segundo o que sobre ela os deuses dispuseram soberanamente, o descobre a seus próprios olhos, lhe revela a verdadeira natureza do que ele é, do que ele fez" (*id., ibid.*, p. 73).

11 C. Meier chega a dizer: "En effet, l'Orestie est un monument de la pensée politique, sinon au sens que lui donnent les théoriciens modernes, du moins au sens général de l'expression" (Meier 1991: 170).

12 Sobre a posição de Hegel, ver Lanza 1977: 149-50. Para uma leitura hoje clássica de Sófocles, ver Reinhardt 1971.

13 No que diz respeito a Hegel, nossa posição é aqui voluntariamente parcial, pois não vamos levar em conta a complexidade e beleza de suas análises, mas apenas o que delas reteve uma certa tradição interpretativa. Nossas críticas dirigem-se, assim, mais a essa tradição, e no tocante à questão específica do tirano, do que às páginas célebres da *Estética* e da *Fenomenologia do espírito*.

14 Sófocles 1964, *Antígona*, 76-7. A partir daqui, indicaremos, no texto, apenas a localização da citação.

15 Charles Segal chega a afirmar: "In the great fifth-century debate between nature and convention, physis and nomos, Antigone stands on the side of nature. She defends those relations and aspects of life that man possesses by the given conditions of his birth against those which he creates by strength and force" (Segal 1981).

16 Essa é a opinião de Diego Lanza, que acredita ser Creonte um tirano desde o começo da peça; ou, melhor, um tirano conhecido, que agirá sempre de acordo com princípios tirânicos. "In Creonte non è visibile un processo degenerativo come in Edipo; egli è tiranno fin dal principio, dalla sua apparizione sulla scena, addirittura da prima, dal prologo dialogato tra Antigone e Ismene" (Lanza 1977: 151).

17 "Di fronte al tiranno sta Antigone. La sua risolutezza appare fin dal principio pare a quella di Creonte: ella non deflette né dinnanzi alla perplessità di Ismene, nè quando, colta sul fatto, le si annuncia una severa punizione" (Lanza 1977: 83).

18 Segal desenvolve uma análise inteligente e instigante do canto da *Antígona*, visto como um momento essencial no processo civilizatório grego (Segal 1981: 159 e ss.).

19 É interessante a observação feita por Segal de que na lista das conquistas do homem não consta a descoberta do fogo, presente na literatura grega desde Hesíodo, nem o dom da profecia, que tem um papel essencial no desenvolvimento da peça (*id., ibid.*: 166-70).

20 B. Knox afirma num estudo célebre. "The clash between Antigone and Creon is of course much more than a confrontation of the true hero with the false. The conflict raises political and religious questions of the highest importance; in fact it is set in these terms from the very first scene" (Knox 1983).

21 "The hope that time will change the hero's mind, as we have seen, is always vain" (Knox 1983: 74).

22 "Antigone's exclusive loyalty to blood relationship clashes with Creon's equally exclusive loyalty to the polis, and between these two loyalties, on the specific point at issue, there is no possibility of compromise" (*id., ibid.*: 91).

23 "There are two tragedies unfolding simultaneously: the tragedy of Creon and the tragedy of Antigone. Why have so many scholars insisted upon the primacy of Antigone? There is a simple, sufficient significant – if, as now put, rather crude – answer, which is that the tragedy of Creon is Aeschylian, where it is the tragedy of Antigone which raises the great Sophoclean issues." (Winnington-Ingram 1980: 147).

24 Sobre a ideia que Creonte tem do "logos", ver Segal 1981: 163.

25 Ver, a respeito do diálogo de Hêmon com Creonte, Knox 1983, p. 108.

26 Seguiremos aqui a descrição feita por Lanza da figura do tirano (Lanza 1977: 49-64).

27 "He is a 'realist', for whom only the visible is real. The range of motives he can understand is limited, including lust for power and greed for mo-ney" (Winnington-Ingram 1980: 126-7).

28 Como observa Knox: "But though the gods do not save her life or ex-press specific approval of her action, they complete her work" (Knox 1983: 115).

29 "The fact that she is right about what is best for Thebes is merely acci-dental; it is all too clear that if the exposure of the corpse of her brother had been expedient for the polis,

95

she would have buried him just the same" (Knox 1983: 114).

30 Seguimos aqui B. Knox, que, referindo-se ao uso do termo, diz: "The word cannot then be considered neutral in any of its appearances in the play; it is colored by reflections of these emphatic references to the traditional Athenian estimate of the tyrannos" (Knox 1979).

31 Sófocles, *Édipo tirano*, 42-44.

32 Knox observa: "Thebes under Œdipus may be a tyranny, but it works surprisingly like a democracy, led by its most gifted and outstanding citizen" (Knox 1983, p. 90). Knox aproveita este ponto de partida para desenvolver sua ideia da comparação entre Édipo e Atenas: "These resemblances between the Athenian supremacy in Greece and Œdipus' peculiar power in Thebes are enough to suggest that the word tyrannos, applied to Œdipus, is part of a larger pattern of image and emphasis which compares Œdipus with Athens itself" (*id., ibid.*: 91).

33 Sobre a representação da tirania no século V a.C., ver Andrewes 1957.

34 "The resounding half-envious recital of Laiu's royal lineage emphasizes Œdipu's feeling of inadequacy in this matter of birth: though he claims the royal line of Corinth as his own, he cannot in his inmost heart be sure of his parentage" (Knox 1983: 88-9).

35 Como afirma Vernant: "Mais la tyrannie, royauté boiteuse, ne saurait avancer dans le succès bien longtemps" (Vernant 1986: 63).

36 "La tradition grecque fait de Périandre, modèle du tyran, un nouvel Œdipe: il aurait, en secret, consommé l'union sexuelle avec sa mère, Crateia" (*id., ibid.*: 62).

37 "Here is Œdipus the equator and measurer; this is the method by which he will reach the truth: calculation of time and place, measurement and comparison of age and number and description – these are the techniques which will solve the equation, establish the identity of the murderer of Laius" (Knox 1983: 101).

38 Como observa Knox: "If the equation of the oracles with reality is a false equation, then religion is meaningless" (Knox 1983: 105).

39 Somos devedores aqui das análises de Knox (Knox 1983: 99-105). "Œdipu's guilt or innocence rests now on a mathematical axiom" (*id., ibid.*: 103).

40 "Having violated the taboos of incest and patricide, Œdipus, like Ajax, is deprived of mediation between beast and god effected by civilized forms of the polis" (Segal 1981: 210).

41 Para um estudo interessante da figura do "pharmakós", ver Adkins 1960.

Capítulo 3

O TIRANO CLÁSSICO

Podemos agora retornar a Platão, para tentar elucidar o sentido das críticas que dirige aos autores trágicos, acusando-os de defender a tirania e de contribuir para sua difusão na Grécia. Em primeiro lugar, constatamos, a partir dos estudos que fizemos de Sófocles, que o mínimo que podemos dizer é que as teses platônicas são exageradas ao relacionar as tragédias com a propagação do governo violento de um só. Como é pouco provável que Platão desconhecesse a natureza do teatro trágico, é mais razoável admitir que suas críticas tivessem um significado diferente do que uma primeira leitura pode levar a supor. Vamos, assim, refazer o percurso platônico até o oitavo livro da *República*, procurando mostrar de que maneira se constitui um discurso radicalmente novo sobre a tirania, que assinala um significado teórico totalmente diferente para esse regime no interior da reflexão sobre a política.

Realizada essa passagem pelo pensamento de Platão, procuraremos verificar se algo semelhante ocorre na obra de Aristóteles, que tantas críticas fez a alguns pontos importantes das principais obras políticas de seu mestre.

3.1. PLATÃO

3.1.1. Trasímaco e o governo do mais forte

O tema da tirania aparece em quase todos os escritos políticos de Platão. É, no entanto, na *República* que recebe o tratamento mais extenso; é também aí que as ideias mais revolucionárias sobre a questão são tratadas de maneira sistemática. Por isso, resolvemos começar nossas análises por esse diálogo, para depois recorrermos a outros escritos nos quais poderemos encontrar auxílio para o desenvolvimento de nossas hipóteses.

Abordar, no entanto, um problema qualquer na *República* exige um cuidado inicial. Sendo o objetivo central da obra o de desenvolver uma longa explicação sobre a justiça e sobre a construção da cidade ideal, não podemos pretender estudar uma questão particular sem levar em consideração o projeto contido nos dez livros ao longo dos quais Platão nos dá a conhecer o núcleo de seu pensamento político. Assim, mesmo que venhamos a demonstrar a importância da questão da tirania na filosofia platônica, não poderemos deixar de lado o fato de que em nenhum dos diálogos ela é o tema central, ou ocupa a priori um lugar de destaque. Isso não nos conduz necessariamente à tese de que, para analisar a questão que nos interessa, é preciso primeiro expor toda a doutrina política de Platão. Mas também não podemos deixar de notar que é no contexto da discussão sobre o melhor regime que a tirania aparece como um obstáculo a ser superado pelo legislador que procura realizar a fundação do regime ideal. Assim, sem pretendermos fazer uma exposição sistemática sobre a *República*, será em torno de seus grandes debates que tentaremos basear nossa análise.

Nesse sentido, é significativo o fato de que, antes mesmo de a questão da natureza dos diversos regimes ser abordada, a tirania apareça como um dos temas da discussão entre Sócrates e seus interlocutores. Com efeito, logo no primeiro livro, o tema é tratado por um dos mais controvertidos personagens de Platão:

Trasímaco. No meio de uma discussão que se limitara a expor lugares-comuns da cidade grega, surge o sofista de forma violenta e inusitada: "Ao ver que parávamos um pouco de falar, depois de ter eu formulado minha questão, perdeu totalmente a calma e, contorcendo-se sobre si mesmo como uma fera, avançou sobre nós como se tivesse a intenção de despedaçar-nos"[1].

Como observa Leo Strauss, Trasímaco é o único personagem de Platão que irrompe num diálogo de forma violenta e brutal (Strauss 1987: 98). É claro que, em várias situações, Sócrates teve de se defrontar com interlocutores pouco receptivos às suas lições e mesmo a seu método de filosofar. Este é o caso, por exemplo, de Cálicles, no *Górgias*, que começa sua intervenção pondo em dúvida a seriedade de seu interlocutor (Platão, *Górgias*, 482c). De maneira geral, podemos até mesmo dizer que nosso autor gosta de mostrar sua relação com os sofistas sob a luz crua da divergência e do debate áspero. Mas em Trasímaco a coisa vai um pouco mais longe. Não se trata simplesmente de uma posição diferente em relação ao problema da justiça; trata-se de uma divergência total em relação ao alcance da reflexão socrática. E mais ainda: trata-se de mostrar que o uso das palavras feito por Sócrates é enganoso, falso, e merece as reprovações que em geral são dirigidas aos próprios sofistas.

Essa aparição inesperada convida-nos a não ceder à tentação de classificar Trasímaco simplesmente como um homem detestável, que merece, como todos os que se comportam de sua maneira, nossa inteira reprovação. Platão, é verdade, não tem a menor dificuldade em mostrar o sofista sob um ângulo desfavorável. Mas, se fosse esse seu objetivo principal, não seríamos obrigados a concluir, com o próprio Trasímaco, que Sócrates serve-se das palavras e da ironia para encobrir uma exposição dogmática de suas ideias, ou simplesmente um vazio de pensamento? Assim, como mostra Strauss (Strauss 1987: 99), devemos até certo ponto considerar a posição do sofista como relevante e isso porque expõe uma visão do senso comum. Como sabemos, Sócrates seria o primeiro a levar em conta uma opinião que fosse comum na cidade, ou que fosse capaz de suscitar a adesão de um bom número de cidadãos. Isso não quer dizer que Trasímaco seja apenas um artifício retórico. Não somente porque existiu efetivamente, mas, sobretudo, porque suas ideias não são absurdas ou descartáveis, para quem pretende alcançar o significado da justiça. Procuraremos mostrar, ao contrário, que ao longo de toda a *República* ressoam os argumentos do sofista, mesmo quando ele já deixou definitivamente a cena.

A primeira vez que Trasímaco defende uma ideia, o faz de forma objetiva e direta. Referindo-se à justiça, afirma: "O justo não é outra coisa do que o que é proveitoso para o mais forte" (*República*, 339c). Agindo assim, ele pretende responder a uma exigência que fizera a Sócrates, quando o proibira de falar de maneira oblíqua e artificiosa. Mas não é claro se Trasímaco acredita ter alcançado seu objetivo, ou se simplesmente acredita ter superado seu adversário, enunciando algo que podia ser entendido pela cidade sem precisar de uma demonstração complicada. Seja como for, o sofista confia em seu poder de persuasão, porque confia em que sua linguagem seja a da cidade concreta dos homens, e não a de um grupo de pretensos pensadores (Strauss 1987: 103).

Sua tentativa de se confundir com a cidade, no entanto, fracassa. De um lado, porque sua compreensão do que seja a cidade não corresponde à que Sócrates pretende desenvolver. De outro, porque sua simplificação não dá conta nem mesmo da imagem que tinha de si mesma a Atenas que condenaria seu adversário. Isso o obriga a aceitar a provocação de Sócrates e se lançar na disputa sobre o sentido das palavras. Devemos observar que essa primeira "derrota" do sofista é altamente significativa, na medida em que revela sua concepção da arte de alcançar o conhecimento sobre as coisas políticas. Ou, melhor dizendo, revela que para ele não é preciso necessariamente enunciar um conhecimento qualquer, desde que o que se diz seja capaz de se impor como uma realidade mais estável da que podia ser proposta pelos "discutidores" aos quais se opunha.

Muitos intérpretes já observaram que o Livro I é inconcluso, em outras palavras, que seus argumentos não produzem conhecimento sobre o que é justo ou injusto (Annas 1981; Murphy 1951). Mas isso é irrelevante para nossos propósitos. De fato, a discussão sobre as artes e sobre o papel dos governantes apenas encaminha a discussão para um terreno que será explorado mais tarde (*República*, 339a-343b). Resta o fato de que o próprio Sócrates não parece contente com seus argumentos e sinta a necessidade de voltar a eles em diversas ocasiões. Isso nos convida a olhar a defesa da tirania e da força por Trasímaco como algo mais significativo e decisivo do que uma análise isolada do Livro I pode sugerir[2]. Vamos, assim, tentar reconstruir a defesa que o sofista faz da injustiça, levando em consideração primordialmente o que diz sobre a tirania.

A primeira vez que Trasímaco faz referência à tirania é para mostrar que cada tipo de governo estabelece leis que são favoráveis aos governantes: "Cada governo estabelece as leis segundo sua conveniência: a democracia, de maneira democrática; a tirania, de maneira tirânica, e assim todos os demais regimes" (*ibidem*, 338e). Essa afirmação veio precedida pela associação direta entre o exercício do poder e a detenção da força: "Não exerce o poder em cada cidade o que possui a força?" (*ibidem*, 338d). Trasímaco produz com essa afirmação um duplo efeito. Em primeiro lugar, desloca a discussão para o terreno especificamente político. Ao falar do poder como do poder do que governa, ele evita a confusão entre o que diz e uma teoria qualquer sobre a origem das diversas formas constitucionais, ou mesmo com um saber abstrato sobre o homem. O sofista pretende se exprimir numa linguagem inteiramente compreensível para o homem da rua, evitando a armadilha socrática, que consistia, segundo ele, em desviar o debate para um terreno que escapava à compreensão do habitante comum das cidades. Estabelecendo a identidade entre força e poder, Trasímaco está certo de que não pode ser acusado de obscuridade. Mas não se trata, na verdade, de uma construção teórica. O que ele visa é exatamente o contrário: partir da experiência mais imediata possível da força, para daí buscar uma explicação para o fato de que cada constituição possui leis diferentes, que produzem efeitos diferentes sobre o corpo político.

O segundo efeito visado por Trasímaco é o de transformar sua visão da força na base de uma teoria realista sobre a justiça. "Uma vez estabelecidas as leis, declaram que é justo para os governados o que é conveniente somente para os que mandam, castigando os que ferem a lei" (*República*, 338e). Com isso, o sofista pretende mostrar que a justiça pode perfeitamente ser deduzida do que afirmara antes: de que o poder é idêntico à força e comanda a vida política concreta (Annas 1981: 37). Trasímaco mostra que não há como se manifestar sobre a justiça senão do ponto de vista do poder. Para os que escutavam o diálogo, isso podia sugerir que o próprio Sócrates apenas buscava uma maneira de afirmar seu poder e, assim, erigir sua teoria em mestra do comportamento dos homens.

Devemos observar, além do mais, que o sofista escolheu justamente a democracia e a tirania para falar da coincidência à qual nos referimos. Como vimos em nosso capítulo anterior, a oposição entre democracia e tirania tinha um apelo forte no imaginário ateniense da época e não deixava de influenciar os que procuravam compreender as mudanças pelas quais passava a vida política grega. Trasímaco, de forma indireta, demonstra que a tirania tinha não só seu lugar entre os regimes diversos, mas que ocupava, do ponto de vista da justiça, um lugar semelhante ao da democracia, ou seja, espelhava uma dada distribuição da força, perfeitamente compatível com a vida da cidade. Essa primeira abordagem da tirania não fornece ainda uma pista para a compreensão do papel que irá ocupar no texto platônico, mas introduz o problema de uma maneira totalmente diferente da que podíamos esperar num diálogo sobre a justiça. Se Sócrates vai se insurgir contra o sofista, o fará menos porque tenha sugerido a legitimidade do mando tirânico, e mais porque obscureceu a pergunta central do diálogo sobre a justiça, transformando-o numa simples disputa em torno da posse dos mecanismos geradores da força e do mando.

Antes, porém, de continuarmos nossa análise, vale a pena fazer um pequeno desvio pela sofística. Com isso pretendemos mostrar que o pensamento de Trasímaco corresponde a uma corrente importante dos debates gregos sobre a justiça e os regimes, que não pode de maneira alguma ser deixada de lado num estudo sobre a tirania.

3.1.2. Antifonte e o problema da justiça

Como já observou A. MacIntyre, muitas das teses contra as quais se insurge Platão em seus diálogos são teses presentes na obra de Tucídides e que coincidem em grande medida com as ideias defendidas por vários sofistas (MacIntyre 1991, Cap. IV). Interessa-nos aqui expor essa continuidade, porque ela mostra de maneira clara que a refutação platônica não é um combate isolado contra uma meia dúzia de pensadores radicais, que se haviam apossado da palavra para expor provocativamente suas concepções políticas. Ao contrário, é possível observar que a filosofia grega foi atravessada pela tensão existente entre os argumentos que genericamente poderíamos denominar convencionalistas e os argumentos essencialistas. Ou, como quer MacIntyre, pela defesa dos bens de eficácia e a dos bens de excelência.

De maneira resumida, ele atribui as seguintes teses a Tucídides: "Areté é uma coisa e inteligência prática outra bem diferente, e sua conjunção é mera coincidência; o grau e o tipo de justiça que pode haver na ordem social são aqueles que os ricos e poderosos permitem que haja; e a deliberação retórica, tal como praticada por aqueles que aprenderam com Górgias e seus discípulos, é o melhor modo para os seres humanos responderem às questões relativas ao que se deve fazer" (*id., ibid.*: 81). Essas teses dão a medida de quão amplas são as possibilidades das teses sustentadas pelos opositores de Platão. Expressas dessa maneira, despidas do exagero retórico atribuído a Trasímaco por Platão, vemos que não podiam ser descartadas por um passe de mágica. O discípulo de

Sócrates reconhece a força do adversário e indiretamente a importância de derrotá-lo, na medida em que sabe que suas ideias estavam longe de parecer bizarras, ou mesmo absurdas, para os cidadãos de Atenas. Talvez as cores fortes empregadas na construção de seus personagens se devam à necessidade de combatê-los de forma vigorosa e consistente, não só elaborando uma teoria contrária, mas, sobretudo, demonstrando que, mesmo no terreno mais imediato da prática política, suas ideias eram destituídas de eficácia real, quando se tratava de mostrar o caráter verdadeiro das ações justas.

Para que isso não pareça por demais resumido, vamos nos deter um pouco num dos fragmentos mais famosos dos sofistas e que fala justamente da justiça. Trata-se do fragmento de *Antifonte* descoberto em 1915 e que teria pertencido ao seu tratado sobre a verdade (Romilly 1988: 146). Antes de analisarmos seu conteúdo, é preciso levar em conta algumas observações de Guthrie no terceiro volume de sua *História da filosofia grega* (Guthrie 1979, Vol. III). Com efeito, o historiador inglês observa que o fato de esse fragmento pertencer a um tratado sobre um tema tão vasto quanto a verdade, do qual só conhecemos pequenos trechos esparsos, deve nos conduzir a uma postura prudente diante das conclusões apresentadas sobre o problema da justiça. Não se trata de pôr em questão sua autenticidade, ou mesmo de diminuir-lhe o valor, mas simplesmente de não deixar de lado o fato de que não conhecemos a sequência argumentativa e, portanto, não sabemos até onde o autor pretendia chegar com suas afirmações, ou mesmo se não viria a nuançá-las mais à frente. Seja como for, o fragmento contém afirmações extremamente diretas e claras que não deixam dúvida quanto à força dos argumentos sofísticos no que diz respeito ao caráter convencional da justiça (Reale 1993, Vol. I, p. 230).

Antifonte começa afirmando: "A justiça consiste em não transgredir a lei da cidade da qual se é cidadão; e por isso o indivíduo aplicará no modo mais vantajoso para si a justiça, se tiver em grande conta as leis, diante de testemunhas"[3]. O sofista visa, num primeiro momento, não somente estabelecer um vínculo direto entre a justiça e as leis da cidade, evitando qualquer alusão a um possível significado transcendente das mesmas, mas, também, mostrar que o modo de operação da lei humana diz respeito diretamente às aparências e não a algo que possa servir para todos em todas as situações. Falando da justiça, Antifonte deixa entrever uma teoria da cidade. Sua primeira constatação será a de que o exercício da cidadania contraria a natureza, pois, segundo ele, na ausência de testemunhas deve-se agir de acordo com a natureza[4]. A oposição que aparece, então, terá uma grande importância em todo o resto do fragmento, pois, segundo o sofista, "as prescrições da lei são instituídas enquanto as da natureza são necessárias".

A diferença entre as leis dos homens e as leis da natureza ensina-nos tanto sobre a cidade quanto sobre nossa condição no mundo. Antifonte, ao insistir nessa oposição, expõe de maneira explícita o caráter artificial de toda vida política. A artificialidade aqui não se refere, no entanto, somente ao fato de os homens inventarem leis, diz respeito ao fato de que essas leis estão muitas vezes em franca contradição com a natureza: "O que explica esse problema é fundamentalmente que as prescrições do justo segundo a lei estão, na maior parte das vezes, em conflito com a natureza" (*Antifonte* 1988: 1104).

Isso permite-nos chegar a pelo menos duas conclusões. A primeira diz respeito ao significado da desobediência às leis da cidade. Como mostra Antifonte, viver é um ato que se liga ao que é útil. Ora, o que é conforme a natureza é sempre útil, mas o mesmo não se pode dizer das leis humanas. Como a verdade está do lado da natureza, e não das criações dos homens, resulta daí que em todas as circunstâncias deve-se procurar agir de acordo com o princípio da utilidade, que é o mais próximo da natureza. Assim sendo, a desobediência às prescrições da cidade nada mais é do que o ato de garantir a obediência à natureza, que de todos os pontos de vista é superior à cidade. O que pode parecer a nossos olhos como puro cinismo avant la lettre é na verdade uma sólida posição filosófica, que se baseia na ideia de que não somos capazes de criar em absoluta consonância com as forças naturais, mas que podemos tentar agir segundo seus princípios, que nos obrigam a preservar a vida e a lutar pelo que é útil.

A segunda conclusão deriva da primeira e diz respeito à natureza da cidade. Se todas as instituições são fruto da invenção do homem, e se não somos obrigados a respeitá-las, senão no limite de nossos próprios interesses, podemos afirmar que nenhuma teoria sobre as coisas da cidade pode aspirar à verdade. Como vimos, a verdade está do lado da natureza, que, por sua vez, está frequentemente em contradição com as instituições humanas. Assim, não podemos defender, por exemplo, um regime sem reconhecer-lhe o caráter artificial e transitório, e isso quer dizer que não podemos ter a pretensão de construir uma forma política que esteja ao mesmo tempo de acordo com a natureza e que seja a melhor de todos os pontos de vista. Isso não implica dizer que todos os regimes se equivalem, mas sim que todos devem ser julgados por um parâmetro de justiça que retira sua força dos homens, e não dos deuses. Está aberta a brecha pela qual passará, ao longo da história do pensamento ocidental, a contestação da possibilidade de construção de uma ética com pretensões universalistas. Está dada também a deixa para os que não aceitam a imposição de regimes que contrariem seus interesses, senão quando movidos pelo interesse maior da conservação da própria vida, pois, como diz Antifonte: "Viver é um ato que está em conformidade com a natureza, tanto quanto morrer. Ora, para os homens viver se liga ao que é útil, morrer ao que não é. O que é posto pelas leis como útil estabelece um laço com a natureza; ao contrário, o que é posto como tal pela natureza é liberdade" (*Antifonte* 1988: 1104).

Platão atacará duramente o relativismo que das posições de Antifonte se pode derivar, mas, assim fazendo, ele demonstra o perigo que continham tanto quanto sua força de persuasão. Por isso, não podemos deixar os sofistas de lado como adversários menores, sobretudo quando se trata de problemas ligados à vida política concreta dos cidadãos de Atenas (Romilly 1988: 151). A defesa mesma do regime ideal passa, como veremos mais à frente, pelo acerto de contas com as posições dos sofistas, que, em grande medida, tendiam a negar a possibilidade de existência de uma tal formação política. Nesse contexto, podemos ver que a tirania não é um problema menor da teoria política, uma vez que põe em questão muitos dos pressupostos que estruturavam a defesa do enraizamento da justiça em leis naturais.

3.1.3. Trasímaco e a tirania

Podemos agora entender melhor por que Trasímaco se mostra tão irritado com os argumentos de Sócrates. De fato, depois que o sofista expôs sua tese de que a justiça é o que convém ao mais forte, Sócrates se lançou numa longa argumentação sobre as artes e suas finalidades, procurando mostrar que, quando somos capazes de conhecer algo, esse conhecimento destina-se aos mais fracos, e não aos mais fortes. Por conseguinte, podemos estender esse raciocínio também e principalmente à arte do governo, pois, como afirma Sócrates, "alguém que exerça uma função de governo, enquanto governante, nunca examina ou ordena o que lhe é conveniente, mas o que convém aos governados e súditos seus" (*República*, 342e).

Trasímaco se irrita, porque seu oponente, em lugar de debater a verdade ou não de sua tese, a decompõe mostrando que a noção de interesse não é imediatamente perceptível por todos e que, portanto, cabe a interrogação sobre seu real significado. Ora, para o sofista, não é necessário questionar o sentido da palavra "interesse", uma vez que sabemos sempre o que nos interessa, por natureza, sem que seja necessário aprendê-lo. Ao contrário, o que se aprende é o respeito às leis que contrariam nossas vontades e que podem nos levar à perda de nossas vidas ou de nossa melhor condição. O argumento de Trasímaco baseia-se num realismo imediato, que lhe parece evidente para os homens comuns. A refutação socrática funda-se na ideia de que cabe à filosofia pesquisar o significado de tudo e não recuar diante do que parece imediatamente dado. Assim, não basta apelar para um pretenso senso comum, pois esse não é a verdade, embora, enquanto opinião, possa servir de ponto de partida para nossas investigações.

Por isso a tática socrática de conduzir seu adversário para o terreno do diálogo racional não funciona. Não porque Trasímaco seja irracional, mas sim porque pretende começar pelo que considera anterior a todo conhecimento racional: por uma percepção das relações humanas que não depende nem do tempo nem do espaço em que se situa. Ora, nesse terreno, Sócrates mostra-se particularmente ingênuo, uma vez que não percebe o caráter dominador da injustiça: "Eis como, homem inocente, esta reflexão se impõe: que sempre, em todos os lugares, o justo está numa posição inferior ao injusto" (*República*, 343d). A força da injustiça, mostra-nos Trasímaco, pode ser demonstrada em todas as situações da vida prática, tanto nos negócios particulares quanto na vida pública. Ao dizer isso, ao fazer o elogio da injustiça, o sofista não está estabelecendo uma base teórica a partir da qual é possível julgar o comportamento dos homens. Sua pretensão, e para isso a distinção entre o que é legal e o que é convencional feita por Antifonte é fundamental, é simplesmente a de mostrar que há um solo sobre o qual se organizam as atividades humanas e que esse solo é o dos interesses e vontades particulares, e não o das supostas virtudes públicas. Trasímaco não nega que alguns possam agir em nome de interesses coletivos, mas não aceita que essa seja a forma de se atingir a felicidade.

Nesse ponto do texto, devemos ver que a defesa da injustiça é a defesa da natureza, e não a defesa do mal enquanto tal. Na verdade, podemos nos perguntar se uma teoria como a dos sofistas permite uma verdadeira formulação do problema do mal. Trasímaco não está nem mesmo propondo a desobediência continuada das leis. Como mostra Antifonte, essa pode se revelar nefasta para o indivíduo e, portanto, contrariar seu desejo de ser feliz. Simplesmente, o sofista tem uma concepção da felicidade individual que não pode ser formulada em termos práticos, e, por isso, ele também deve recorrer a uma imagem extrema, ou ideal, para mostrar o que quer dizer, quando defende a injustiça, contra o que chama de justo, e que na maioria da vezes não é outra coisa do que o legal.

Chegamos à tirania. Para Trasímaco, ela é o símbolo da injustiça humana, fornecendo por isso um ponto de vista privilegiado para a observação de sua natureza: "E conhecerás melhor se teu ponto de vista se fixar na injustiça extrema, a que faz mais feliz ao mais injusto e mais desgraçados aos que são suas vítimas e que se recusam a cometê-la" (*República*, 344a). É de se notar que o sofista pretende antes de mais nada encontrar um paradigma que permita ao cidadão comum escolher (levando em consideração as ideias expostas por Antifonte de que desejamos sempre, por natureza, satisfazer nossos interesses em primeiro lugar), entre aquilo que o faz feliz e a fonte de sua infelicidade. Não se trata, portanto, de falar em regimes ou na melhor organização política, mas na vida de cada um do ponto de vista irrefutável da injustiça extrema: "Outra coisa não é a tirania, que arrebata o alheio, furtiva ou descaradamente, sem consideração por seu caráter sagrado ou profano, público ou privado, e não se apossando apenas de uma parte, mas de tudo" (*ibidem*, 344a).

Esse ponto, no qual Trasímaco pretende situar sua reflexão, põe-nos, segundo ele, diante de alternativas tão radicais, que não é possível ir contra suas conclusões. Diante da violência e do arbítrio são possíveis duas vias: ou a punição, para os que se deixam apanhar e são assim considerados bandidos e ladrões; ou a tirania, resultado da prática habilidosa da violência e da rapina e que converte em poder o que é simples abuso da força de um outro ponto de vista. "Mas, quando um homem, além das fortunas confiscadas, transforma seus concidadãos em escravos, no lugar dos nomes infamantes, aparece os de 'feliz' e 'ditoso' na boca não somente dos habitantes da cidade, mas também dos que tomaram conhecimento da realização da plena injustiça" (*ibidem*, 344b).

Essa maneira de expor o problema nos permite fazer algumas observações. Em primeiro lugar, a tese de Trasímaco só pode ser verdadeira se for possível afirmar que o tirano é o ser político mais feliz que há. Se assim não for, não podemos mais associar a injustiça à realização plena de nossos desejos e vontades. Ora, a descrição que o sofista faz do tirano está em pleno acordo com o senso comum da época. Em momento algum ele diz que o tirano encarna algum tipo especial de virtude; apenas mostra que ele associa a rapinagem ao domínio sobre seus concidadãos – o que está em perfeita concordância com a imagem tradicional do tirano como de um usurpador do poder real. Ora, o problema está, como já vimos em nosso capítulo anterior, no fato de que nem sempre podemos associar a posse do poder à felicidade. Nas tragédias, o poder tirânico muitas vezes vem acompanhado por um destino terrível, que nada lembra a vitória dos injustos evocada por Trasímaco. A radicalidade, portanto, da tese do sofista está menos no fato de que ele faz referência à tirania, pois na verdade ele apenas repete que se trata de um governo injusto, e mais pelo fato de que ele associa a condição do tirano à da felicidade extrema. Aqui reside sua força e ao mesmo tempo sua fragilidade. Nada no discurso de Trasímaco prova que a felicidade do tirano é absoluta, e não podemos nesse caso apelar para o senso comum, pois a condição do tirano é inacessível ao cidadão comum. O que o homem da rua tem é apenas uma suspeita, uma desconfiança, mas nunca a certeza da plena realização dos desejos por parte do tirano. Dessa maneira, a própria condição do tirano aparece, aos olhos do súdito, como ideal, sem que isso possa ser verificado ou mesmo receber a chancela de uma suposta lei da natureza. A importância, no entanto, dessa relação especial fica provada pelo próprio Platão, que tentará em várias passagens de suas obras responder a essa indagação de maneira direta. Além do mais, como veremos em nosso próximo capítulo, outros pensadores tentaram dar resposta a essa pergunta sobre a felicidade do tirano, como foi o caso de Xenofonte, para mostrar que, se o sofista estava errado quanto às suas conclusões, estava certo na maneira de formular a questão. Trasímaco mantém, assim, os vínculos com o homem comum, apresentando, no entanto, uma tese de rara radicalidade. De alguma maneira a *República* elabora uma longa resposta às dúvidas que ele deixa no ar.

O segundo aspecto de suas afirmações, que vale ressaltar, é o fato de que ao transformar o tirano no paradigma da injustiça ele, sem desejar, conduz sua análise ao terreno estrito da política. Nisso reside talvez um dos aspectos mais instigantes do primeiro livro da *República*. A tese do sofista, assim como a de Antifonte, depende em grande medida da existência de uma distância entre o mundo das convenções e a natureza. Ora, o homem mais feliz, segundo eles, é o que se separa menos da natureza e, assim fazendo, torna-se capaz de defender seus interesses individuais. Para que a ideia de interesse próprio faça sentido, é preciso, no entanto, que ela diga respeito apenas a desejos encontrados na natureza e que possam transformar-se em fontes de prazer independentes da presença de uma comunidade que partilha valores e que constrói um corpo político. Isso não quer dizer que os homens são felizes na ausência de outros homens, mas sim que eles não dependem da estrutura política para serem felizes.

Aqui reside a dificuldade e ao mesmo tempo o ponto mais interessante. Trasímaco, no momento em que tenta descrever a condição do homem feliz, apela para a tirania. Acontece que para os gregos a tirania era um regime possível nos horizontes da experiência da política. A tirania aparece, portanto, como um regime privilegiado, concentrando ao mesmo tempo algumas características dos outros regimes – o sofista fala explicitamente em mando, em poder, e não em violência –, e apontando para o exterior da vida política, para uma felicidade que libera o tirano das amarras das convenções. O próprio Trasímaco resume seu argumento dizendo: "Assim, Sócrates, a injustiça levada ao seu ponto máximo, é mais forte, mais livre e mais poderosa que a justiça e, como dizia no começo, a justiça é o que é conveniente ao mais forte, a injustiça o que por si só é conveniente e vantajoso" (*República*, 344c).

Trasímaco deixa a cena, ao final do primeiro livro da *República*, sem estar convencido de que Sócrates fosse capaz de responder a seus ataques. É verdade que sua posição também tinha muitos pontos obscuros, mas a força de seus argumentos sobre a tirania se faz sentir ao longo de todo o livro. De maneira resumida, podemos dizer que o sofista nos ensina o caráter único da tirania. Ao associá-la à felicidade extrema e ao mesmo tempo à injustiça, ele nos mostra que ela ocupa um lugar especial nos domínios possíveis da política e também em todo pensamento que pretende dar conta da vida em comum dos homens. Paradigma do que rompe com a "ilusão ingênua da justiça" (*ibidem*, 349a), a tirania obriga a todos os que querem teorizar sobre o justo e o injusto a considerar a dificuldade de se traçar uma fronteira clara entre o bem público e o bem privado, entre os desejos naturais e as convenções. Platão aceitou esse desafio e de certa maneira fez de seu diálogo sobre a justiça uma longa refutação das teses dos sofistas. De alguma maneira, aprendeu com seus adversários o caráter especial do regime tirânico e tratou de explorar seu significado ao longo de toda sua obra, para só então afirmar a superioridade do regime ideal, que sem essa refutação seria mero exercício literário. O maior legado do primeiro livro da *República* é, portanto, o de incorporar definitivamente o problema da tirania na reflexão mais geral sobre a justiça e sobre sua realização plena na forma de um regime perfeito.

3.1.4. A fundação da cidade e a injustiça

Como conclusão à sua análise do primeiro livro da *República*, Leo Strauss afirma: "A diferença entre Trasímaco e Sócrates é somente a seguinte: segundo Trasímaco, a justiça é um mal não necessário, enquanto para Sócrates, ela é um mal necessário" (Strauss 1987: 109). Essa terrível afirmação deriva, segundo Strauss, do fato de que Sócrates tenta provar o caráter bom da justiça, sem mostrar sua essência. Assim fazendo, ele permite que o confronto com a injustiça ocupe um lugar de destaque em sua argumentação, sem conseguir fugir do terreno pantanoso das opiniões, no qual Trasímaco buscava seus pontos de apoio.

Aparentemente, o início do segundo livro retoma a pesquisa sobre a justiça e a injustiça no mesmo ponto no qual Trasímaco a havia abandonado. Uma alteração substancial, no entanto, ocorre quando Glaucon e Adimanto se lançam na discussão[5]. Com o sofista, o debate tem um caráter ao mesmo tempo prático e universal. Prático, porque Trasímaco está interessado no que pensam os gregos em suas vidas cotidianas; universal, porque para ele não é preciso diferenciar entre um ateniense e um homem qualquer para que a injustiça se imponha como algo mais proveitoso para os que a praticam. Com Glaucon, os termos são diferentes. Ele declara não acreditar nas teses de Trasímaco, mas também não se mostra satisfeito com as respostas dadas por Sócrates. Assim, ele se dispõe a retomar a defesa da injustiça para que Sócrates possa demonstrar a absoluta superioridade da justiça sobre a injustiça. Antes de fazê-lo, no entanto, ele diz que até então não escutara ninguém que fosse capaz de fazer uma defesa convincente da justiça (*República*. 358d).

Essa maneira de colocar o problema muda os termos da questão. Ao declarar sua insatisfação, Glaucon termina por confessar que as teses de Trasímaco não são tão absurdas assim, pois, até aquela data, ninguém fora capaz de convencê-lo do contrário. Ora, isso corresponde a dizer que somente do ponto de vista da filosofia é possível mudar a concepção que se tem da justiça e da injustiça. A se considerar somente o conjunto das opiniões que existem na cidade, a justiça aparece como o fruto de um acordo dos que não querem sofrer injustiça, uma vez que praticar a injustiça é um mal menor do que sofrê-la. O caráter convencional das leis pode, portanto, ser demonstrado, bastando para isso que se parta da vontade de praticar injustiças que domina os homens. Glaucon, em conclusão à fábula do anel de Giges, afirma: "Com isso se demonstra que ninguém é justo por vontade própria, mas sim por ter sido constrangido, de forma que a justiça não constitui um bem pessoal, já que quando alguém imagina que está em seu poder cometer injustiça realmente a comete" *(República*, 360c).

Se de fato a justiça é mera convenção, não possuindo raízes na natureza, é de esperar que não possa servir de parâmetro para a definição da vida melhor. Com isso, Glaucon radicaliza as teses de Trasímaco transformando a vida na cidade numa disputa em torno das aparências: "Assim também, o homem injusto, que realiza com perfeição suas ações ruins, o faz às escondidas, para ser injusto em sua medida verdadeira. Porque se esse homem é pego cometendo injustiças, forçoso será considerá-lo inábil, já que a injustiça mais perfeita consiste em parecer ser justo sem sê-lo" (*ibidem*, 361a). Fica claro que a justiça não possui nenhum poder sobre a natureza humana e que só pode constrangê-la na medida em que impõe um padrão convencional de comportamento, destinado a proteger os mais fracos dos verdadeiros artesãos da injustiça. A política é transformada na arte das aparências. A habilidade dos atores define-se pela imagem que criam, e não pela natureza das ações que praticam. Aliás, o que Glaucon e depois seu irmão Adimanto pretendem demonstrar é justamente que, na ausência de uma teoria substancial sobre a justiça, é a tese da injustiça que prevalece, pois é a que melhor dá conta do que somos capazes de ver da natureza humana. A conclusão que melhor resume esta posição é a de que não convém ser justo, mas sim parecê-lo (*ibidem*, 361e, 365d). Não há, portanto, desse ponto de vista, nada que nos permita falar sobre a arte dos justos que possa servir como refutação da tese inicial da preponderância da injustiça sobre a justiça.

Voltando ao problema que nos interessa, é preciso observar que também para Glaucon a vida perfeita é a vida do tirano[6]. Essa tese, no entanto, tem aqui um caráter mais radical, pois parte da afirmação da efetiva superioridade da injustiça sobre a justiça, enquanto Trasímaco dava a essa ideia um alcance meramente prático, sem pretender defender a tirania e a injustiça enquanto tais. O tirano é, para Glaucon, mais do que o simples usurpador, mais do que o governante que cria leis contra os súditos; ele é o paradigma de um comportamento que está em perfeito acordo com a natureza. Se não formos capazes de demonstrar a transcendência da justiça, o tirano converte-se no governante ideal, pois é o único que realiza a ponte perfeita entre a aparência e o ser. Essa maneira de tratar a questão da tirania revela muito mais do que uma simples discussão sobre os diversos regimes pode mostrar. Aqui não se trata de discutir arranjos institucionais, mas sim a possibilidade de uma vida eticamente perfeita na cidade.

Ao longo da história da filosofia esse dilema vai reaparecer das mais variadas formas. Em Santo Agostinho, por exemplo, a dicotomia entre a Cidade de Deus e a Cidade dos homens apresenta uma solução nova para uma crise ética e política que havia condenado a pólis grega ao silêncio e ao desespero. É claro que na raiz dessa crise não estava o problema da tirania, e sim o do caráter das leis da cidade. Mas o que estamos tentando mostrar, com Glaucon, é que os dois problemas não estão separados, sobretudo se aceitarmos, como acaba fazendo Platão, que não é tão fácil transformar o problema da justiça num problema da razão teórica, e não simplesmente numa questão prática (MacIntyre 1991, Cap. IX). Hobbes também tentará dar conta do egoísmo natural dos homens, expulsando-o dessa feita para o interior da vida no estado de natureza, e não mais o admitindo no interior da vida política.

Seja como for, o que pretendemos mostrar não é tanto a continuidade do problema da tirania na história, mas sim que na discussão da origem das leis e do direito, e mais fundamentalmente da justiça, o tirano está sempre presente como uma sombra ameaçadora, prestes a converter-se no modelo de comportamento toda vez que não se consegue provar a superioridade da vida dos justos com argumentos que não pareçam estranhos à vida da cidade. O que Glaucon faz, portanto, é mostrar as possibilidades enormes da vida tirânica e seu caráter único no interior da experiência humana. Para responder a seus argumentos, não basta desqualificá-los como retóricos ou exagerados, é preciso mostrar a efetividade da justiça, é preciso provar que a razão é capaz de produzir argumentos suficientemente claros para desmascarar uma visão da condição humana que a vida comum dos homens parece aceitar e mesmo demonstrar. A radicalidade da tese de Glaucon está em transformar o poder do tirano em algo mais do que uma simples habilidade relacionada ao uso da força. Na ausência de uma teoria da justiça, a vida tirânica é uma forma de saber, talvez mesmo a forma superior de saber, que ensina aos homens como manipular seus semelhantes no sentido de sua própria natureza. Na luta pela verdade, o filósofo depara com a figura extrema do governante solitário, que possui armas terríveis diante das dificuldades enormes que o sábio encontra, quando procura fazer a ponte entre o saber produzido pela razão teórica e os conhecimentos aceitos pela razão prática[7].

A força dos argumentos de Glaucon obriga Sócrates a mudar de rumo e a tomar um caminho mais longo e mais seguro. Em lugar de tentar dizer o que é a justiça de maneira abstrata – o que já se mostrara ineficaz com Trasímaco –, Sócrates muda de direção e convida seus amigos a realizar a construção de uma cidade justa (*República*, 369c). Dito de outra maneira, Sócrates se propõe a responder à questão da justiça do ponto de vista privilegiado do legislador. Isso nos leva a pensar que o lugar do legislador também é privilegiado para se tratar o problema da tirania. Se, como mostramos, a tirania é o modelo perfeito da injustiça, toda argumentação visando provar a superioridade da justiça e a supremacia do bem tem importância para a compreensão da natureza do tirano. Estamos sugerindo, portanto, que a questão da tirania não pode ser circunscrita ao debate sobre a natureza dos regimes, mas que de forma indireta tem um papel decisivo na construção da ética platônica. Procuraremos a seguir explicar o significado dessa sugestão, tomando como ponto de partida a figura do legislador. Para tanto vamos abandonar por enquanto a análise d'*A república*, para buscar elementos em outros textos platônicos.

3.1.5. A arte da fundação

O tema da fundação é de toda a evidência capital em toda a filosofia política antiga. Ele aparece explicitamente tratado em pelo menos três dos grandes diálogos platônicos – *República*, *Leis* e o *Político* –, mas possui ramificações importantes em diálogos de quase todas as fases. O tratamento filosófico não deve, no entanto, enganar-nos. Se a questão assume um lugar tão importante, isso se deve tanto a razões teóricas, que Platão procura explicitar, quanto ao fato de que o imaginário político grego estava povoado pelo mito do fundador, a ponto de que teria sido impossível escrever uma teoria da "pólis" sem dar conta dessa tópica da cultura antiga.

Com efeito, os dados se multiplicam e é fácil recolher elementos que atestam sua importância tanto nos escritos de Homero e Hesíodo quanto nos de Virgílio mais tarde[8]. Embora as diferenças sejam notáveis, podemos reconhecer a exigência permanente de encontrar-se uma explicação para o aparecimento e a consolidação no tempo da experiência da vida em comum na cidade. Como se trata de um momento especial, é comum a descrição desse momento pôr lado a lado homens, deuses e heróis. No caso de Atenas, essa exigência combina-se com o desejo de vincular a cidade diretamente a uma deusa, que não só a protegia como havia participado de sua criação.

A esse respeito Nicole Loraux mostra que na Atenas dos séculos V e IV a.C. o mito da autoctonia teve um papel decisivo (Loraux 1990). No afã de demonstrar a singularidade de sua experiência, os atenienses recorreram com frequência à ideia de que seu passado estava ligado à história dos deuses, e não à dos outros homens, ou a alguma causa fortuita de nascimento. Ao contrário, ligando sua história à de Erectonios, os atenienses pretendiam constituir-se nos herdeiros diretos da deusa Atena, que recebeu Erectonios de presente do deus Hefaisto – o deus artesão – e da terra – Gê. Essa vinculação revela-se essencial, porque faz do passado da cidade um momento privilegiado de convívio do divino com a dimensão propriamente política da vida dos homens[9]. Ou melhor, faz da fundação um gesto de afirmação da essência da cidade, e não simplesmente o relato de um acontecimento localizado na história, passível de ser traduzido em termos puramente humanos. "Topos fundador do discurso sobre a cidade, a autoctonia ensina aos cidadãos que a 'pólis' tem em si mesma sua origem, que ela é imemorial" (Loraux 1990: 49). Nesse sentido, não há propriamente uma história da formação da cidade; desde o princípio Atenas é uma terra política e civilizada. Como resume Loraux: "Assim, os mitos atenienses de autoctonia fornecem um topos eficaz para muitos discursos cívicos, que servem seja para legitimar a hegemonia de Atenas, seja para dar um fundamento imemorial à ideologia ateniense da cidadania" (*id., ibid.*: 35).

Ora, quando Platão escreve, essa maneira de ver as coisas já se consolidara no espírito dos atenienses, seja por meio de representações teatrais como o *Ion* de Eurípedes, seja por meio de discursos cívicos contidos nas orações fúnebres, como demonstra a análise da célebre oração pronunciada por Péricles e transmitida à posteridade por Tucídides[10]. O que importa, para nós, é compreender que um discurso sobre a fundação de uma cidade, sobretudo de uma cidade como quer Sócrates na *República*, tem de levar em conta o fato de que não se trata simplesmente de estabelecer um corpo adequado de leis, mas sim de realizar o ato demiúrgico de juntar num corpo político tanto a dimensão propriamente humana da contingência dos atos praticados por seres finitos quanto a perfeição dos atos divinos.

Por isso, o tratamento do problema da fundação na obra de Platão é complexo e variado. Na *República* a construção da cidade ideal vem acompanhada da análise da figura do rei filósofo, espécie de sábio capaz ao mesmo tempo de conhecer o real e de agir na cidade no sentido de transformá-la. Já no *Político* e nas *Leis*, nosso autor parece descer das altas esferas da reflexão, para tentar dar conta da fundação de cidades que podem apenas procurar imitar a cidade ideal, sem pretender atingir sua perfeição ou mesmo seu equilíbrio. Não se trata de contradizer o que dissera antes na *República*, mas de buscar, nas condições de seu tempo, a explicitação dos caminhos possíveis de serem trilhados na difícil caminhada da fundação (Reale 1993, Vol. II: 275-84). No nosso caso, vamos inverter a ordem da exposição platônica, uma vez que o que nos interessa é na verdade o que ameaça o rei filósofo na cidade, seu outro negativo, que parece não poder ser afastado nem mesmo nos momentos mais gloriosos. Como nos diz Michel-Pierre Edmond: "Platão, longe de ser ingênuo, admitia que certas 'naturezas' filosóficas podem acabar mal, pois ninguém está ao abrigo do sofista ou do tirano, que estão adormecidos mesmo na alma dos que pretendem ser os melhores" (Edmond 1991: 54).

Mas, antes de passarmos à análise do fundador, devemos observar que ela implica o difícil problema da articulação entre a dimensão ética do pensamento de Platão e sua dimensão ontológica (Vaz 1993: 9-30). Se o tratamento dado pelo mito ou mesmo pelos historiadores insiste no fato de que o momento da criação da cidade demarca o encontro entre a ordem do divino e a política, permitindo que algo da época primeira possa ser conservado no tempo dos homens, essa mesma questão torna-se extremamente complexa, quando o saber, que opera a fundação das novas ordens políticas e que pretende realizar a junção do divino com o humano, passa a ser aquele almejado pela filosofia e não mais o conhecimento divino. Ou, dito de outra forma, o problema platônico está no fato de que a ordem política está para a alma do fundador assim como a ordem cósmica está para a alma demiúrgica divina (Edmond 1991, Cap. 3). O filósofo – Sócrates no segundo livro da *República* – põe-se no lugar do que detém um saber semelhante ao dos deuses, no que diz respeito à criação de cidades, quando pretende justamente criar uma cidade em palavras. De uma só vez, Platão põe a nu todas as exigências de um pensamento que pretende alcançar a verdade suprema e que por isso deve dar conta de todas as tarefas ao alcance da razão humana.

Não podemos explorar aqui todas as dificuldades teóricas contidas na ideia de demiurgia política; devemos, no entanto, observar que, sem alguns pressupostos desenvolvidos por nosso autor em diálogos como o *Fedon*, a *República* seria impossível. Dentre essas ideias, devemos destacar o fato de que é essencial no sistema platônico a possibilidade dada ao "logos" humano de participar do "logos" divino. É isso que faz com que a verdade descoberta pelo filósofo não seja exterior ao mundo dos homens, mas, ao contrário, represente a explicitação de seu verdadeiro significado. Mais radicalmente ainda é a comunicação de nossa razão com a razão divina que alimenta o sonho e a realidade da construção de uma cidade ideal, baseada no mais absoluto equilíbrio entre a contingência própria dos negócios humanos e a verdade atemporal das coisas divinas. No momento em que o filósofo começa a construir a cidade, ele põe-se no mesmo lugar que o demiurgo divino ocupa quando cria o mundo com suas múltiplas determinações. A arte da fundação revela a grandeza da filosofia e os riscos inerentes à sua prática (Edmond 1991: 51-67).

3.1.6. O *Político* e a arte da fundação

O tema da fundação, pela confluência que promove entre os atos divinos e os atos humanos, realiza a ponte, no interior da obra platônica, entre as discussões propriamente cosmológicas e os temas políticos mais candentes. A prova está no fato de que um diálogo tão explicitamente voltado para a cosmologia como o *Timeu* é seguido de uma discussão interessante sobre as origens de Atenas, no *Crítias*. Apesar das diferenças notáveis que separam os dois diálogos – o *Timeu* sendo um dos escritos mais densos e difíceis de Platão, enquanto o *Crítias* apenas esboça uma teoria das origens de Atenas e sua relação com a Atlântida –, é o próprio autor que insiste no fato de que os dois diálogos possuem uma necessária proximidade temática, mesmo se, para Crítias, havia barreiras muito mais difíceis a transpor do que para Timeu, que escolhera falar sobre o nascimento das coisas do mundo.

Com efeito o *Crítias* foi concebido como uma continuação das discussões levadas a cabo por Timeu e que haviam se encerrado no dia anterior. Logo no início, no entanto, o personagem encarregado de falar sobre a história de Atenas apela para a indulgência de seus auditores: "O assunto sobre o qual vou discorrer, apresentando as maiores dificuldades, exige uma indulgência ainda maior, eis algo sobre o qual devem ser instruídos" (Platão, *Crítias*, 107a). Esse primeiro passo serve ao mesmo tempo para aproximar o tema da fundação das cidades daquele da fundação do mundo e para demonstrar a especificidade do discurso sobre as coisas humanas. Crítias, aliás, não hesita em dizer que é mais fácil falar dos deuses, sobre os quais não sabemos muito, do que sobre os homens, que estão ao nosso lado e sobre os quais conhecemos muitas coisas (*id., ibid.*, 107d).

Essa maneira de iniciar o diálogo serve para reafirmar a especificidade da vida na cidade e as dificuldades que acompanham a reflexão sobre suas condições de existência. Nesse particular, no entanto, o *Crítias* fica distante dos grandes escritos de Platão, nos quais as diferenças entre o conhecimento da natureza e o conhecimento do homem são explorados a fundo. Aqui não se trata propriamente de legitimar o discurso filosófico sobre a cidade, mas sim de mostrar que, para além da distância que separa as duas esferas do conhecimento, existe um espaço comum, que trata de temas correlatos, ainda que comportando um grau diferente de dificuldade.

Ora, o que nos interessa em particular nesse diálogo é o fato de que Platão parece não duvidar de que o tema da criação das cidades está em natural continuidade com o tema da criação do mundo pelo demiurgo divino. Insistindo nas diferenças, ele acaba por demonstrar a existência de um terreno comum baseado na ideia de que o demiurgo opera sempre a partir de um certo número de condições, que determinam o caráter de sua obra. Assim, dentro de alguns limites, criar o mundo e fundar uma cidade são atos derivados da mesma capacidade, que alguns seres – quase sempre divinos – possuem de produzir novas formas de existência. Com efeito, depois das primeiras considerações, Platão retorna ao mito da fundação de Atenas pela deusa Atena e à descrição dos feitos de seus primeiros reis (Platão, *Crítias*, 109b). Mesmo levantando dúvidas quanto à possibilidade de se conservar informações por tão longo tempo na memória dos homens (*id., ibid.*, 110b), nosso autor não diz em nenhum momento que as dificuldades encontradas por Crítias sejam suficientes para anular o resultado de seu esforço. Ao contrário, o que vemos é que Platão insiste na importância de se descobrir a origem das cidades, para se poder chegar a um conhecimento efetivo de seu percurso no tempo.

Dizendo de outra maneira: Platão transforma uma necessidade de Atenas – falar de sua origem autóctone por meio de um mito – num problema filosófico. Mesmo mostrando as limitações de sua démarche, ele reconhece implicitamente a validade de suas questões e a necessidade de suas respostas. Se a filosofia deve abandonar o mito, nem por isso pode desconhecer os problemas que resolve e a importância das soluções apresentadas e que puderam estruturar por séculos o pensamento dos gregos. O *Crítias* oferece, assim, a legitimação filosófica do problema da fundação, mesmo limitando-se a descrever de forma incompleta o que teria sido o passado longínquo de Atenas e suas relações com a Atlântida. Com isso, no entanto, fica claro que o momento de fundação é sempre privilegiado, aproximando os homens criadores dos deuses, revelando o parentesco do demiurgo divino e dos grandes fundadores.

Podemos passar agora à análise do *Político*, procurando estabelecer as fronteiras que separam as ações dos criadores humanos dos atos dos tiranos. É claro que esse não é o propósito central desse diálogo, que pretende expor a natureza do homem político e sua arte. No entanto, como já mostramos, quando analisamos o segundo livro da *República*, é exatamente lá onde por vezes fracassam os grandes fundadores que nascem os tiranos. Descobrindo o significado do que Platão chama de arte real estaremos capacitados para entender um pouco melhor o seu oposto: a vida tirânica.

Para atingir seu objetivo, Platão parte à procura do que chama de arte real. Após distinguir entre as ciências teóricas e as ciências prescritivas, ele reconhece que os que exercem uma autoridade qualquer e que recorrem às ciências prescritivas o fazem visando a criação de algum novo ser (Platão, *Político*, 261b). Mas, rapidamente, ele percebe que encontrar uma definição correta de seu objeto de estudos é mais complicado do que parece à primeira vista. Por isso, ele lança-se num longo caminho, que não dispensa nem mesmo o recurso ao mito, para explicar a natureza do tempo dos homens em contraposição ao tempo dos deuses[11]. O importante, no entanto, não está tanto no fato de que Platão insiste na perfeição das relações existentes sob o mando dos deuses, quando os homens não têm "necessidade alguma de constituição política" (*id., ibid.*, 271e), mas sim na demonstração de que na ausência do pastor divino, quando somos entregues à nossa própria sorte, é preciso a intervenção de um fundador capaz de criar leis e governar o mundo, usando a memória dos tempos felizes de antigamente (*id., ibid.*, 273b).

Esse fundador terá diante de si a árdua tarefa de inventar instituições e convencer os homens de sua validade, resistindo ao mesmo tempo à força do esquecimento que, pondo o tempo de Zeus em marcha, termina por impor a vitória do "estado caótico", que existia mesmo nos tempos felizes de Cronos[12]. O que nos interessa nessa descrição das idades do mundo é que Platão demonstra ao mesmo tempo a natureza divina da arte da fundação e a necessidade que todo fundador tem de se aproximar ao máximo da verdadeira natureza dos homens (*id., ibid.*, 275a). Com efeito, num primeiro momento, somos tentados a imaginar que a arte da fundação pode ser exercida pela simples imitação da arte divina de pastorear. Mas, se o modelo é verdadeiro, também é verdade que a impossibilidade de realizar uma imitação perfeita dos atos dos deuses seja fonte de uma série terrível de enganos. Nas fronteiras do divino e do humano, o grande fundador é o que sabe aproveitar as lições dos deuses para realizar uma obra que terá de ser inteiramente humana. Por isso Platão, depois da longa passagem dedicada às idades do mundo, conclui que o pastor humano não se encontra ainda suficientemente definido, faltando-lhe os contornos que tornam sua expressão identificável para todos os mortais (Platão, *Político*, 293d). Antes, no entanto, de expor essa nova exigência, Platão havia insistido na ideia de que o homem político é o mestre na arte de "cuidar dos outros" (*id.*, *ibid.*, 276d), e proposto uma curiosa separação: "Poderemos, então, quando ela se exerce pela força, chamá-la tirânica, e quando seus préstimos, livremente oferecidos, são livremente aceitos pelo rebanho de bípedes, chamá-la política" (*id.*, *ibid.*, 276c).

Estamos tão acostumados a associar a tirania ao uso da força, que corremos o risco de não perceber a grande novidade contida nessa afirmação. Como já dissemos repetidas vezes, a tirania era antes de mais nada um governo ilegítimo, mas não necessariamente violento. Se no mais das vezes aparecia essa componente da força, ela não era por si só um elemento suficiente para caracterizar o comportamento do tirano. Desse ponto de vista, portanto, nosso autor introduz uma novidade decisiva no pensamento político grego, ao assinalar para o tirano o lugar do poder exercido pelo constrangimento dos outros. Mas o sucesso dessa caracterização foi tamanho na história do pensamento ocidental, que acabamos deixando de lado não só sua novidade no momento em que escreve Platão, como também as implicações teóricas que contém. De fato, nesse momento do *Político*, a preocupação não é com uma teoria dos regimes, mas com a delimitação do campo do político. Ora, Platão escolhe justamente a tirania para demarcar as fronteiras da arte real. Assim, não se trata simplesmente de dizer que dentre os regimes políticos existe um que se exerce pela força. O que está em jogo é a definição da própria política, e essa parece prisioneira da oposição violência e consentimento. Platão, no entanto, está consciente de que não basta mostrar as diferenças, é preciso construir um discurso que dê conta da natureza da arte real. O que devemos perguntar é se é possível atingir esse objetivo deixando de lado essa primeira oposição, ou se, ao contrário, o tirano acompanha o governante real em todo seu percurso. Se essa segunda hipótese revelar-se verdadeira, seremos forçados a dizer que a tirania ocupa no pensamento de Platão um lugar diferente do que a tradição interpretativa lhe assinala. Por enquanto, todavia, temos poucos elementos para desenvolver essa ideia e devemos continuar a pesquisar os argumentos do *Político*.

Platão, depois de ter atingido um primeiro patamar de conhecimento sobre o político e sua arte, escolhe retornar às questões metodológicas como forma de ultrapassar as dificuldades que encontrou em sua primeira aproximação da arte real e seu detentor. Não vamos segui-lo em toda sua longa argumentação, que passa tanto por considerações de ordem estritamente metodológicas, quando procura mostrar a importância da correta divisão dos elementos do problema (Platão, *Político*, 278a), quanto pela metáfora da tecelagem, que termina por concluir pela necessidade em todos os terrenos das atividades humanas de se encontrar a "justa medida" (*id., ibid.*, 283d-284d). Essa exigência, Platão a encontra também no domínio da palavra, que deve, pelo uso correto da razão, ser capaz de fornecer "o meio justo", que torna eficaz o discurso sobre o objeto visado (*id., ibid.*, 286d-287a).

À luz dessas considerações nosso autor volta a perguntar-se sobre a natureza do objeto pesquisado. Dessa feita seu caminho será ainda mais longo e é só depois de ter demonstrado a parcialidade dos princípios constitutivos dos diversos regimes existentes (*id., ibid.*, 291a, 292a) que ele põe a pergunta: "Em qual dessas constituições reside a ciência do governo dos homens, a mais difícil e a maior de todas as ciências possíveis de se adquirir?" (*id., ibid.*, 292d)[13]. A resposta a essa questão é simples: em nenhuma das constituições existentes em seu tempo encontramos desenvolvida em sua plenitude a ciência real, mas somente na constituição ideal, "na qual os chefes seriam possuidores da ciência verdadeira, e não de um simulacro de ciência" (Platão, *Político*, 293d). Essa exigência de uma ciência absoluta como fundamento da forma política perfeita faz do legislador um ser fora do comum, insubmisso às regras de comportamento e às leis: "E para esses chefes, quer se apoiem ou não em leis, quer sejam desejados ou apenas suportados, pobres ou ricos, nada disso assume a menor importância na apreciação desta norma exata" (*id., ibid.*).

Com a definição do governante real como aquele que é sempre a fonte da lei e que, portanto, não respeita e não precisa respeitar as leis escritas, Platão atinge o ápice de sua teoria da fundação. Com efeito, o legislador é aquele que age, em relação ao seu rebanho, sempre de maneira justa, pois é a encarnação viva da própria verdade (*id., ibid.*, 295a). Se lhe é dado por vezes fixar sob a forma de prescrições as normas da cidade, também lhe é facultado modificar e desobedecer a suas próprias determinações, se dessa maneira ele estiver agindo de acordo com a verdadeira ciência (*id., ibid.*, 296a). Essa maneira de expor o problema da fundação leva Platão a alterar até mesmo a percepção da violência como de um fator negativo da vida política. Se exercida em nome da verdade, não é ela proveitosa para os que a sofrem, mesmo se não são capazes de alcançar seu significado último? Não está o legislador de posse de um saber que não pode ser conhecido pelo grande número e que, por isso mesmo, gera comportamentos da parte do governante ideal que não podem ser perfeitamente compreendidos pela maior parte dos habitantes da cidade?

Com a descrição do legislador ideal e da fundação perfeita, Platão demarca de forma definitiva o saber sobre os homens e as opiniões que constituem o cimento costumeiro das relações sociais, ao lado das leis escritas. No *Político* essa demarcação tem um efeito ainda mais devastador do que na *República*, pois a oposição entre o legislador e os homens comuns não aparece no quadro da construção da cidade ideal, mas sim no curso de uma pesquisa rigorosa a respeito da natureza da ciência real e do fundador ideal, que leva em conta o tempo todo a própria realidade dos regimes existentes[14]. Como observaria o próprio Aristóteles (Barker 1983: 268), abolir a lei em nome do uso perfeito da razão por parte do legislador aproxima perigosamente o sábio platônico do tirano. Com efeito, como podem os homens comuns distinguir os dois se, como Platão mesmo diz, o número de pessoas capazes de aprender a ciência verdadeira é muito pequeno na cidade? (Platão, *Político*, 293a). Como distinguir a violência exercida em nome da verdade daquela exercida em nome de pequenos interesses, mas que faz apelo precisamente à verdade e ao absoluto? Ao demarcar o campo da política entre os limites da tirania e do governo monárquico, Platão fez mais do que estabelecer os germes de uma teoria dos regimes, ele demarca os limites da vida associativa entre a perfeição do regime ideal e a barbárie da tirania. O que devemos nos perguntar é se podemos considerar o governo violento de um só como uma das formas degeneradas de mando, ou se, ao contrário, ele ocupa um lugar especial, capaz de nos ajudar a pensar a própria natureza da vida política.

Platão, ao comentar os diversos regimes à luz de suas considerações sobre a ciência, afirma: "E quando o chefe único age sem levar em conta as leis, nem os costumes e, contrariando o chefe que possui o verdadeiro conhecimento, pretende violar as leis escritas a pretexto de assim exigir o bem maior, quando, na verdade, são a paixão e a ignorância que inspiram sua imitação, não merecerá ele, sempre e em qualquer parte, o nome de tirano?" (*id., ibid.*, 301c). O tirano é, portanto, o negativo perfeito do soberano ideal na medida em que pode agir da maneira como o faz exatamente porque os homens não são capazes de distinguir sempre entre seus atos e os atos praticados em nome da verdade. Se o mundo da política fosse transparente, o tirano seria o personagem da vida política mais facilmente identificável, pois seus atos são todos contrários à verdade. Como isso não ocorre, ele se beneficia da total independência de que deve gozar o governante real, para exercitar seu desejo de poder, que não é outra coisa do que a expressão de sua natureza bestial travestida pela liberdade do divino.

Diante desse perigo, Platão não hesita em dizer que, nos regimes normais, as leis, uma vez estabelecidas, devem ser mantidas e respeitadas, assim como os costumes (Platão, *Político*, 300e). Essa é a única forma de garantir a cidade contra o risco da tirania, que, como vimos, beneficia-se do fato de que o verdadeiro governante não precisa manifestar obediência às leis, uma vez que seu saber lhes é superior. Podemos nos contentar com a tradição interpretativa e dizer que a tirania é o pior regime, que ele atenta contra a dignidade da vida política. Essa maneira de ver as coisas teve uma longa vida na história do pensamento. Nós a encontramos ainda em São Tomás, que estrutura sua concepção da monarquia em oposição ao regime tirânico (Tomás de Aquino 1946). O que devemos nos perguntar, no entanto, é se essa crítica tão repetida dá conta de todos os aspectos do pensamento platônico sobre a questão. Assim como a tirania ajudou os democratas do século V a.C. a forjar a imagem de Atenas, não teria ela um papel teórico no interior da filosofia platônica que vai além da simples descrição do pior regime existente? Nossa hipótese é a de que a tirania não é apenas um regime a mais, mas o negativo perfeito do regime ideal, fornecendo por isso mesmo um parâmetro negativo regulador da vida na cidade, na medida em que aponta para a última fronteira do humano antes do reino da pura violência, assim como o regime ideal aponta para as fronteiras da vida humana nos limites superiores com o divino.

Para continuar esta investigação vamos voltar nosso olhar para o quarto livro das *Leis*, no qual Platão promove o encontro entre o tirano e o verdadeiro legislador.

3.1.7. O legislador e o tirano

As *Leis* são o último grande escrito platônico e complementam o que a *República* já mostrara de forma acabada do ponto de vista conceitual. Há nesse escrito, no entanto, uma diferença de tom, uma maneira de abordar a questão da criação do Estado ideal e do rei filósofo que lhe confere um tom mais realista, que revela uma exigência menor em relação à vida política (Reale 1993, Vol. II: 281-4). Isso nos permite apreender alguns aspectos das concepções platônicas da ação política que seus diálogos anteriores não deixavam à mostra. Isso não implica menor complexidade, mas sim a exploração de domínios da vida prática que não haviam chamado a atenção de Platão em seus outros escritos políticos.

Como não é nosso propósito realizar uma análise do conjunto da obra, vamos concentrar a atenção no quarto livro[15]. Essa escolha, no entanto, nada tem de aleatória. Com efeito, depois de uma série de discussões, que visavam acertar os termos de um projeto de fundação, o ateniense se dispõe a falar diretamente sobre o problema. Logo no início, ele formula a questão em termos que lembram os da *República*: "Vamos então! Como é possível representar essa cidade em palavras?" (Platão, *Leis*, 707c). No entanto, Platão segue aqui um caminho diferente do outro diálogo, pois ele prefere discutir, em primeiro lugar, uma série de detalhes "práticos", que permitem ao ateniense expor de maneira rigorosa o verdadeiro problema de um fundador: construir uma cidade inteiramente virtuosa. Ora, o que aprendemos no começo do quarto livro é que a virtude de uma cidade depende não só da qualidade de seus habitantes, mas também, e isso num grau elevado, das condições físicas de seu território. Escolhendo um lugar perto do mar, mas evitando que a cidade se converta ao comércio, ao culto do bem-estar, o fundador deve buscar não a conservação da vida, mas a produção da melhor existência possível. Com isso se reafirmam os elevados propósitos da *República*, alargando-se ao mesmo tempo os horizontes da pesquisa, que busca identificar o longo caminho a ser seguido pelo legislador.

Nosso interesse será justamente o de descobrir alguns dos tópicos que compõem a arte do legislador. O ateniense parece engajar-se nessa via, quando as primeiras dificuldades encontradas na definição da natureza da população a ser enviada ao novo território obrigam-no a tecer algumas considerações a respeito do legislador (*id., ibid.*, 707d). Ora, essas considerações modificam inteiramente o sentido das descrições feitas anteriormente e que pareciam sugerir uma ciência positiva da fundação. No sentido exatamente oposto, Platão acaba fazendo uma afirmação surpreendente: "Eu diria que jamais um homem foi autor de uma legislação, mas que são os azares e o concurso das mais diversas circunstâncias que são os autores das leis" (Platão, *Leis*, 709a). A crença no poder do legislador fica assim abalada, quando confrontamos suas ações com o conjunto de determinações que compõem o mundo. Diante das condições reais da existência humana, Platão demonstra que seria mera vaidade acreditar que um homem qualquer poderia controlar o destino da existência de toda uma cidade.

Mas o apelo ao acaso, se levado às últimas consequências, significaria a destruição de tudo o que fora dito antes sobre a importância da arte do legislador, ao mesmo tempo em que faria da conversa entre os três amigos um mero artifício para se passar o tempo de uma viagem desgastante. Como essa é uma hipótese absurda para um diálogo platônico, o que devemos supor é que estamos diante de uma encruzilhada, que põe em risco todo o empreendimento discursivo anterior, mas que, ao mesmo tempo, fornece uma saída para o debate tradicional sobre a fundação das cidades. É preciso notar, a esse respeito, que até um certo momento o ateniense podia contar com a anuência automática de Clínias e que a primeira vez em que isso não acontece é quando se trata de compreender a natureza dos homens que serão levados para habitar a nova cidade. O cretense certamente pensa a fundação da nova cidade como mais um ato político normal, destinado a resolver os problemas concretos de uma comunidade, que, no entanto, a seus olhos, comporta muitas virtudes. A brusca interrupção do discurso anterior serve para marcar a diferença que separa a tradição – representada por Creta – e a filosofia de Platão. Nesse aspecto, a questão da fundação não podia ser mais adequada, pois, como já vimos, a definição das regras iniciais de uma comunidade é, ao mesmo tempo, a definição de sua própria natureza (Pangle 1990: 440-1).

Contudo, é preciso ver que a proposição anterior, que retira a responsabilidade do legislador, anula inteiramente o alcance de sua arte. Se nada pudéssemos fazer contra a força do acaso, de nada adiantaria o saber e a prudência, pois o mundo nos seria sempre estranho, desdobrando-se em formas sucessivas, segundo uma lógica impenetrável. Por isso, Platão nuança sua afirmação introduzindo um elemento decisivo: a divindade (Platão, *Leis*, 709b). O mundo passa então a ser governado por dois elementos: os deuses e o acaso. Ora, a introdução dos deuses restabelece o contato dos homens com uma sabedoria que, se não lhes é inteiramente transparente, também não comporta o grau de opacidade próprio aos frutos do acaso. Não sabemos o que querem os deuses, nem mesmo podemos distinguir seus atos dos do acaso, mas podemos nos dirigir a eles por meio de preces e, assim, esperar que boas condições permitam ao legislador operar a fundação. Platão, no entanto, faz questão de dizer que, para se dirigir aos deuses e saber aproveitar a ocasião, é preciso possuir a arte verdadeira, que não são todos os homens que podem dirigir-se à divindade e esperar atingir seus objetivos. Isso não quer dizer que o legislador seja sempre atendido, ou que ele possa escapar das tramas da fortuna. O que ele possui não é o domínio perfeito do tempo dos homens, mas a capacidade de desejar o que deve ser desejado e de colocar seu saber a serviço da comunidade da qual será o fundador.

E o que deve pedir o legislador a fim de poder contar com as condições ideais para prosseguir sua obra? A resposta platônica difere em muito do que poderíamos esperar, mas contempla a tese que estamos tentando provar: "Dá-me um tirano à frente da cidade. Que ele seja jovem, que tenha boa memória, facilidade para aprender, que seja de natureza bravo e magnânimo" (*id., ibid*, 709e). A essas qualidades basta acrescentar a temperança, para que se encontrem as condições ideais necessárias à fundação da cidade mais feliz: "Nosso tirano, portanto, além das outras qualidades, deve possuir essa virtude, se a cidade deve, o mais rápido e da melhor maneira possível, possuir a organização política que, uma

133

vez alcançada, lhe assegurará para sempre uma existência feliz" (Platão, *Leis*, 710b). Chegamos aparentemente a uma conclusão muito diferente da que fora sugerida pela *República*, que parecia concentrar apenas nas mãos do rei filósofo a responsabilidade pela criação da vida perfeita. Mas não é esse, a nosso ver, o caminho para compreender-se o trecho que acabamos de citar. De fato, uma modificação foi nesse momento introduzida no pensamento platônico, mas ela não altera o que antes se disse a respeito da natureza do saber que o legislador deve possuir. O que está em jogo são as condições reais necessárias para a construção do regime ideal e aí aparece a novidade: a melhor condição é a que reúne os dois personagens extremos da vida política, o sábio e o tirano.

É dessa maneira, aliás, que Clínias entende o que foi dito: "Ao que parece, tua teoria é que na tirania nasce o melhor regime, graças à colaboração de um legislador eminente e de um tirano razoável e sensato, e que essa é a via mais rápida e fácil para passar dessa forma de governo para a mais perfeita. Porias então em segundo lugar a oligarquia e em terceiro a democracia, é essa tua opinião?" (*id., ibid.*, 710d). A pergunta de Clínias demonstra, para o ateniense, que seu amigo não compreendeu perfeitamente a lógica de sua proposição. Para ele a oligarquia é a forma mais resistente à mudança, na medida em que concentra o poder num número expressivo de cidadãos, que possuem força suficiente para resistir ao aparecimento de um novo regime. Ora, o que está em jogo são as dificuldades reais de romper com a tradição e com as amarras próprias a cada regime, o método mais eficaz de produzir uma nova forma de vida na cidade, que, embora podendo guardar algo da vida anterior, modifica inteiramente as relações sociais. Nesse sentido é que um tirano sensato pode oferecer uma ajuda preciosa para o legislador. Concentrando em si todas as funções de Estado, ele pode abrir mão de suas prerrogativas, modificar leis e costumes, punir e servir de guia para seus súditos (*id., ibid.,* 711b). Para tanto, basta que ele esteja determinado, pois o grande obstáculo nos outros regimes é justamente a vontade dos que governam e a impossibilidade do uso da força como método de persuasão normal. Essas vias estão abertas para o tirano que não conhece outra vontade do que a sua e que possui o monopólio do uso da força. Como observa Leo Strauss: "O legislador não tem absolutamente necessidade, para instituir o melhor regime, da assistência de um tirano excelente; tal tirano é simplesmente o que lhe convém melhor para atingir seus fins" (Strauss 1987: 101).

Podemos ser tentados a pensar que o recurso à tirania nos ensina mais sobre as dificuldades próprias à fundação do regime ideal do que sobre o próprio tirano. Isso parece confirmar-se, além do mais, pelo fato de que o diálogo vai prosseguir com o debate sobre as leis a serem instituídas e sobre a forma mista que deve ter toda constituição que queira escapar da ação do tempo. Nessa ótica, o recurso ao tirano indicaria apenas uma das ferramentas disponíveis para o legislador efetuar sua obra, sem acrescentar nada a nossa compreensão da tirania. Não nos parece, contudo, ser este o caso. De fato, o que está em questão é a fundação do melhor regime, e é natural que as discussões se encaminhem para o esclarecimento dos passos necessários a sua efetivação. O que devemos nos perguntar, no entanto, é por que a tirania é a melhor ferramenta, o que ela contém que a torna tão adequada ao ato de fundação. A esse respeito, não podemos deixar de lado a surpresa que essa proposta provoca nos auditores. Clínias demora a aceitar tal recurso e exprime todo o repúdio que normalmente acompanha a menção ao exercício do poder tirânico. Ele expressa assim uma visão comum da tirania e que identificava apenas seu elemento mais evidente: o uso da força. Platão procura mostrar que a tirania ocupa um lugar especial nos domínios do político por escapar a quase todas as regras que fundam a tradição. Dessa maneira, o que é visto de forma negativa pela maioria dos homens, aparece como positivo aos olhos dos que querem fundar uma nova cidade. A própria filosofia, aliás, era considerada como uma forma de quebra da tradição e por isso vista como perigosa por muitas cidades. A tirania está, portanto, nas fronteiras da vida política, nos limites do mundo civilizado e, de acordo com a própria concepção circular do tempo expressa por nosso autor (Platão, *Leis*, 712e-714a), contém muitas das condições apropriadas para a mudança radical do estado das coisas humanas, uma vez que guarda pouco do que normalmente constitui um regime.

Podemos dizer, portanto, que estamos diante de um paradigma, paradigma negativo, é verdade, mas que nos ensina tanto sobre a enorme dificuldade de fundar-se uma cidade de acordo com a filosofia quanto sobre a natureza desse ponto extremo da vida política, desse momento extraordinário, quando os homens podem, pelo recurso à filosofia, moldar suas vidas em harmonia com o saber mais divino. A natureza paradigmática desse encontro entre extremos é revelada pelo próprio Platão, que faz migrar a dimensão tirânica para o interior da lei. Para que um regime sobreviva é preciso que os governantes sejam escravos das leis (*id., ibid.*, 715b), e que a própria lei comporte uma dimensão tirânica. Como observa Strauss: "Está claro que a lei deve tanto persuadir quanto ameaçar, utilizar a violência e a persuasão, falar por vezes de maneira doce e outras de maneira tirânica, pois a persuasão não é muito útil quando o legislador lida com a multidão sem educação. Mas, se tal é o caso, a lei é uma mistura de um componente tirânico e de um componente cujo efeito é o consentimento do grande número" (Strauss 1987: 109).

A tirania ganha um lugar de destaque na elaboração das leis, mas por isso mesmo torna-se um problema ainda mais complexo. Se antes éramos tentados a estudá-la apenas como mais um regime, como uma maneira ilegítima de governar, agora somos confrontados às suas especificidades, que, como acabamos de mostrar, confundem-se com a própria complexidade da difícil arte política da fundação. Paradigma do encontro no tempo da idade de Cronos e da idade de Zeus, a tirania nos aproxima dos grandes mistérios da criação do mundo dos homens. Ao revelar o aspecto positivo de sua negatividade, ela nos conduz, no entanto, a uma interrogação a respeito de sua própria existência efetiva. Platão sabe que o que diz aplica-se muito raramente às tiranias concretas, que os caminhos da história são muito mais difíceis: "Eis por que na imensidão da duração o fato raramente se produziu, mas, quando acontece que as circunstâncias são favoráveis, aí então no interior da cidade na qual isso se deu muitos bens realizam-se, todos os bens mesmo" (Platão, *As leis*, 711c). Compreendemos agora por que o acaso é tão importante para o legislador, pois só ele pode fazer coincidir a sabedoria e a tirania adequada, fornecendo as condições perfeitas para sua obra. É claro que o regime ideal não depende de "boa tirania" para nascer, mas ela nos dá o parâmetro para pensar a passagem de um regime limitado para a cidade ideal, na concretude do tempo dos homens.

Para compreendermos, no entanto, as dificuldades dessa passagem, não podemos recorrer à condenação unânime lançada à tirania pelo discurso político ordinário e que ressalta apenas o caráter violento dos atos do tirano. É preciso entender de que maneira um limite negativo pode servir de paradigma para a obra mais gloriosa de um legislador. E, mais do que isso, por que é tão difícil esperar que de uma tirania se possa passar para o melhor regime? Para continuarmos com nosso estudo, será preciso elucidar o significado profundo do que estamos chamando aqui de limite negativo, pela compreensão da natureza bestial do tirano. Abandonamos, portanto, o terreno ideal do tirano equilibrado, para buscar o personagem tão comum nas tragédias, o ser irado e violento, que povoa o imaginário das sociedades ocidentais.

3.1.8. Desejo e corrupção dos regimes políticos

No oitavo e nono livro da *República*, Platão expõe sua complexa e elegante teoria da evolução dos regimes, marcando para sempre a história do pensamento político com páginas que serão consideradas verdadeiros paradigmas, para os que se dispõem a pensar a mudança das constituições no tempo. Não se trata mais de dizer quais são os regimes existentes, ou como podem evoluir ou se destruir. Nesses livros finais, a finalidade da vida política já foi suficientemente estudada, para que o leitor possa ser confrontado com uma síntese extraordinária de vários níveis, que até então haviam ocupado a atenção dos dialogantes. Platão faz assim coincidir cada regime com um tipo específico de homem, que por sua vez possui uma natureza particular, marcada por desejos que, devido à própria realidade, manifestam-se e destroem-se no tempo. Trata-se, portanto, de articular a descrição constitucional com uma antropologia, que por sua vez só faz sentido junto com uma determinada concepção da vida ética, que termina por ser inteligível diante da ideia suprema do Bem. Dizendo de outra maneira, esses livros mostram de forma inequívoca, a nosso ver, a coerência do sistema platônico e a articulação de seus diversos níveis de reflexão. É claro que, para demonstrar inteiramente essa hipótese, teria sido necessária uma análise completa da obra, o que escapa inteiramente aos nossos propósitos. No entanto, mesmo concentrando nossa atenção apenas no problema da tirania, muitos desses aspectos aparecem e é isso que pretendemos demonstrar aqui.

De maneira geral, podemos dizer que a análise dos regimes e de suas transformações tem como ponto de partida a associação de cada um deles com um determinado caráter humano. Assim, a um regime oligárquico corresponde necessariamente um homem oligárquico, que define sua essência e mostra o caminho de sua transformação. O mesmo se dá com todos os outros regimes, e com isso podemos dar por estabelecida uma correspondência entre a análise política e os estudos antropológicos. Na verdade, o ponto de partida é um pouco mais preciso, pois Platão procura mostrar sobretudo a coincidência do sistema de educação com a forma das constituições, tese que está em perfeito acordo com sua concepção da formação do Estado ideal (*República*, 550c).

Mas aqui não se trata de regimes perfeitos, muito pelo contrário, o que nos leva a suspeitar que essa enunciação do problema da transformação dos regimes tende muito mais a esconder seu verdadeiro significado do que a esclarecê-lo. Vamos, assim, acompanhar a transformação de um regime em seu sucedâneo, para chegar então ao nosso problema principal.

Vamos partir da oligarquia (*República*, 550c). O que a caracteriza em primeiro lugar é o valor atribuído à riqueza e o lugar que esta ocupa na determinação do poder. Esse regime, que organiza a vida pública em torno da posse, deveria ser capaz de se perpetuar se houvesse perfeita harmonia entre os homens que detêm o poder e seu princípio constituidor. Isso, no entanto, não acontece e vemos que, com muita frequência, esses regimes perdem rapidamente suas características transformando-se necessariamente, segundo Platão, em democracias. A pergunta óbvia que surge é por que isso ocorre, ou seja, por que não é possível a uma dada constituição manter-se no tempo, ou resistir às suas transformações? É claro que não nos interessam as modificações operadas por vitórias ou derrotas no campo de batalha. O que está em questão são comunidades que se modificam a partir de seu interior, pois só o estudo dessas transformações pode nos dizer algo sobre a essência da vida política, ou, mais especificamente, sobre a essência dos regimes.

Ora, como já dissemos, Platão faz corresponder a cada regime um determinado homem e é aí que devemos buscar a chave de nosso problema. Num regime oligárquico, uma primeira geração acumula riquezas e se faz dona da cidade. Desdenhando a cultura e a prática das virtudes, o homem oligárquico constitui-se em campeão do ganho e da acumulação (*ibidem*, 548e e ss.). A oligarquia constrói seu corpo de leis baseado no montante das fortunas pessoais (*ibidem*, 551b), permitindo o acesso aos cargos públicos somente aos que detêm a riqueza proporcional ao poder conferido ao cargo visado. Mas esse regime é cheio de defeitos e de desequilíbrios que, cedo ou tarde, terminam por destruir sua saúde. Essa observação, no entanto, leva em consideração apenas o fato de que se trata de um regime defeituoso e que, se comparado com o regime ideal, manifesta imediatamente suas falhas. Do ponto de vista do próprio regime, existe uma perfeita concordância entre o homem oligárquico e as leis que regem a cidade (*ibidem*, 555a).

Como compreender, então, as transformações pelas quais passam todas as oligarquias e que faz delas o berço das democracias? Para responder adequadamente a essa questão, é preciso prestar atenção a alguns aspectos da argumentação platônica. Em primeiro lugar, Platão procura mostrar que a ausência de homens virtuosos entre os oligarcas faz com que o regime seja sujeito a tempestades internas, e mesmo a intervenções externas, sem que seus dirigentes se deem conta do perigo que correm. Atentos apenas à acumulação de novas riquezas, parece-lhes natural que muitos cidadãos dissipem seus recursos de forma irresponsável, sem notar que com isso se criam inimigos poderosos no interior da própria cidade (*República*, 555d-557e). Esse desequilíbrio tende então a conduzir a oligarquia à ruína.

Um segundo aspecto, no entanto, merece ser observado na argumentação platônica. Ao longo de toda a análise das diversas formas constitucionais, Platão apelou para a dimensão do desejo para fazer progredir sua análise. Ao falar, por exemplo, do homem oligárquico, ele expõe de forma irrefutável a contradição que o atravessa e apela para um personagem estranho – o "zangão" – para mostrar que o que chamamos de homem oligárquico corresponde em grande medida à configuração de seus desejos. Antes, porém, de falar da determinação exercida pelos desejos na transformação das constituições e desse "zangão", procuremos deixar um pouco mais claros alguns aspectos das teorias platônicas sobre a matéria.

Como nos mostra Janine Chanteur em um livro dedicado à questão, o tema do desejo é essencial para Platão e atravessa o conjunto de seus escritos (Chanteur 1980). Não é nossa pretensão seguir aqui todos os seus passos, mas apontar algumas conclusões que ligam o poder político à natureza desejante do homem. Isso aparece claramente em pelo menos dois personagens dos diálogos platônicos: Cálicles, no *Górgias*, e Trasímaco, no primeiro livro da *República*. Já tivemos oportunidade de falar sobre o segundo personagem, por isso, vamos dedicar nossa atenção a Cálicles.

Como observa Janine Chanteur, com Cálicles o desejo é nomeado e ao mesmo tempo posto em questão em sua relação com o poder na cidade (Chanteur 1980: 66). O ponto de partida no Górgias não é o de que o desejo opera na alma do homem como um imperativo absoluto do qual não se pode escapar. A natureza é essa ordem que nos permite saber o que é justo e o que é injusto (Platão, *Górgias*, 483e), e a boa regra é a que conduz os homens à obediência desse comando. Ora, a natureza ensina que "a marca do justo é a dominação do forte sobre o fraco" (*id., ibid.*, 483d), e assim só o exercício do poder a partir dessa máxima nos permite falar em sociedade justa. Associar desejo e poder não é algo desconhecido para um leitor de Platão, mas o que se pretende é fazer dessa associação a marca da verdadeira política, ou do melhor regime. Cálicles não pretende enunciar máximas do senso comum sobre o exercício do mando, para em seguida modificá-las com argumentos filosóficos mais profundos e que melhor esclareçam a natureza de seu objeto. Ao contrário, é da proposição do senso comum erigida em verdade que Cálicles retira o fundamento de seu pessimismo (Chanteur 1980: 73). Pois, como diz Chanteur: "A lógica interna do desejo não se preocupa com a verdade, mas com a técnica e com a estratégia para atingir a satisfação" (*id., ibid.*: 72).

O poder ganha assim uma forma definida e universal transformando-se em objeto maior do desejo. A realização da satisfação no exercício do mando confere sentido e legitimidade às lutas corriqueiras nas cidades em torno da posse não somente de riquezas e honras, mas, sobretudo, do direito de comandar o desejo dos outros homens. Imprime-se, portanto, uma direção na busca da justiça como expressão da força e altera-se o sentido das regras que comandam a vida pública. Expressão do desejo, a política é marcada por uma grande instabilidade, característica de sua própria origem. Nessa lógica, um regime se destaca como o mais acabado produto da conversão dos desejos privados em poder público: a tirania. Portanto, o que vimos com Trasímaco aparece também em Cálicles: o destino ideal de toda política é o de expressar o resultado da luta dos desejos variados que constituem a "pólis". Por isso, o tirano é o tipo ideal do governante, uma vez que realizou o sonho de impor a todos seus próprios desejos. Isso não implica, para Cálicles, que ele possa gozar de sua posição de maneira serena e harmoniosa. Ao contrário, o que o estudo do desejo nos demonstra é que não existe repouso para os homens e que a vida nada mais é do que a repetição infinita da própria finitude dos objetos alcançados pelos seres desejantes.

Mas deixemos de lado, por enquanto, a análise da tirania para retornar à transformação da oligarquia. O que o estudo do desejo nos ensina é que, para que a tirania não possa ser considerada o regime que melhor exprime a condição humana, é preciso demonstrar a possibilidade de construir um regime baseado na razão e em outra concepção da natureza humana. Esse é o projeto realizado por Platão na *República*. Mas, além de analisar os passos de construção do regime ideal, é necessário também refutar os argumentos de Cálicles e Trasímaco, que faziam do desejo a mola mestra de nossas ações e da tirania o regime mais adaptado à nossa condição. Nesse sentido, devemos tomar o oitavo e nono livros da *República* como uma resposta aos sofistas e ao mesmo tempo como uma conclusão da longa busca do regime mais justo. Tudo isso ganha, no entanto, outra significação, quando recordamos que os argumentos adversários se baseavam na consideração do caráter essencial do desejo e que Platão não foge da disputa ao escolher justamente esse terreno para mostrar a transformação dos regimes imperfeitos.

Voltemos agora ao "zangão", que parece habitar todas as cidades e que é importante para a compreensão das mudanças sofridas pelas diversas formas de governo. Não resta dúvida de que ele pode ser associado aos desejos, mas Platão introduz no texto uma nuance que torna sua caracterização ainda mais precisa. Com efeito, para não cair na armadilha dos sofistas, que viam no desejo de poder a expressão mais perfeita dessa dimensão da existência, nosso autor separa os desejos "necessários" dos "supérfluos" (*República*, 559a). Na primeira categoria inclui os desejos relacionados com a preservação da vida, em todas as suas dimensões; enquanto, na segunda categoria, inclui apenas o que não é essencial para a realização da essência do homem. Ora, o que caracteriza o "zangão" é justamente a confusão entre esses dois tipos de desejos, o que o leva sempre a buscar desenfreadamente a satisfação do que de imediato se apresenta como seu desejo (*ibidem*, 559e).

Como se dá então a transformação do homem oligárquico? De um lado o pai oligarca fracassa na tentativa de formar um filho à sua imagem e semelhança. A educação, que dá para seus rebentos, sendo baseada em princípios parciais, não evita os assaltos contra sua alma feitos pelos "zangões" (*ibidem*, 559d), e assim o jovem acaba prisioneiro de um combate entre dois lados de seu ser. A herança paterna não desaparece completamente (*ibidem*, 561c), mas o exemplo dado pela busca dos mais diversos prazeres faz com que ele seja incapaz de escolher entre as duas influências (*ibidem*, 561d). Assim, na confusão de seus desejos, ele termina por gestar um tipo de homem intermediário entre o oligarca voltado para o acúmulo de riquezas e o "zangão" dedicado aos prazeres múltiplos e variados. Esse homem será o homem democrático, que por sua vez sofrerá o mesmo processo de transformação (*ibidem*, 561e).

É claro que o que acabamos de descrever é a transformação do homem oligárquico em homem democrático e que essa mudança é seguida pela transformação do regime político propriamente dito[16]. Embora não possamos falar de uma lei universal a reger a vida política, sem dúvida estamos diante de um processo que parece mover a corrupção das várias formas constitucionais. Para compreender o movimento do tempo, devemos lembrar que Platão descreve a modificação dos regimes pela análise da falência dos diversos princípios que os constituem. Ora, em cada caso o desejo, ou melhor suas figurações, parece deter o papel negativo (*ibidem*, 564b), enquanto o lado bom do caráter dos diversos tipos de homens detém o papel conservador e reativo, que evita uma destruição rápida dos diversos governos. Seja como for, os novos regimes parecem ser a síntese entre princípios parciais e seus opostos. Isso permite-nos concluir que nenhuma forma pode resistir ao tempo, mas contém em suas próprias determinações as sementes para a gestação do próximo regime do círculo das constituições (*República*, 563c). O desejo, operador dinâmico do processo político, torna-se ativo, porque não coincide com os diversos princípios que servem de base aos regimes e, por isso, o tempo das constituições é sempre o tempo de sua corrupção.

3.1.9. A tirania ideal

Chegamos agora à tirania, último regime do círculo das constituições. Como era de se esperar, ela surge da degeneração de um outro regime, que só pode ser, na ótica platônica, a democracia (*ibidem*, 564a). Na verdade, seu processo de formação é semelhante ao dos outros regimes imperfeitos: da aplicação excessiva do princípio que dá vida à constituição nasce sempre seu oposto. "O excesso de liberdade parece não poder dar origem a nada mais do que ao excesso de servidão, tanto para os particulares quanto para a cidade" (*ibidem*, 564a). Fruto de um desejo desmesurado de não possuir limites, a tirania é para Platão o produto necessário da licença que termina por dominar a vida nas cidades democráticas. A liberdade, que no começo garante o acesso de todos os cidadãos às instâncias produtoras de leis, acaba conspirando contra a própria ideia de lei, que aos olhos dos habitantes de uma democracia é como um freio para a realização de sua própria natureza (*ibidem*, 564d).

A transformação da democracia em tirania segue, portanto, um caminho que pode ser desvelado por aqueles que conhecem as forças constitutivas desse regime. De início, podemos identificar pelo menos dois grandes grupos que entram na composição de uma democracia: os ricos e os pobres. A esses dois grupos devemos somar um terceiro, que já é nosso conhecido: o dos "zangões" (*ibidem*, 565a). Ora, a distância que separa os grupos sociais torna o terreno fértil para a ação dos "zangões", que se beneficiam do ódio e da inveja que grassam numa sociedade cujas diferenças não são encobertas por uma representação eficaz de suas próprias mazelas. Assim, é fácil para o povo imaginar que um líder poderá destruir a arrogância dos ricos. Por isso, ele não hesita em pedir ajuda a um dos "zangões" que, nessas ocasiões, travestem-se de defensores das causas populares, capazes de responder a todas as demandas, que dizem respeito à punição dos ricos e a uma aparente distribuição do poder.

Ora, é justamente a última promessa que não é cumprida de maneira alguma. Aos poucos, o chefe do povo converte-se em tirano, provocando guerras e recorrendo a mercenários estrangeiros para protegê-lo contra os que antes dizia proteger (*República*, 567a). O corpo social, ele mesmo muda-se em ameaça, e o tirano, para se firmar, deve destruir o que tem de melhor em cada um de seus domínios (*ibidem*, 567c). A tirania nasce, portanto, da democracia e dos diversos arautos – poetas trágicos e sofistas – que nas brechas de um regime liberal destilam o veneno da servidão. Assim, Platão conclui o oitavo livro da *República*: "Como diz o ditado, o povo, desejando evitar a fumaça, jogou-se no fogo. Com medo de ser escravo de homens livres, eis que terá escravos como senhores; no lugar da famosa liberdade tão grande quanto desencontrada, ele se vestiu de escravidão, a mais intolerável e amarga: a que o sujeita a escravos" (*ibidem*, 569c).

O retrato cruel, que nosso autor traça do aparecimento da tirania, serve, num primeiro momento, muito mais como uma crítica da democracia do que como uma análise da natureza da forma constitucional em questão. Na verdade, Platão aproveita-se da imagem tradicional da tirania e da repulsa que provoca em seus concidadãos, para apontar os riscos da democracia e da defesa exagerada de seus valores, particularmente da liberdade sob sua forma política. Além do mais, o processo de transformação descrito segue à risca as análises feitas anteriormente e, portanto, inscreve o nascimento da tirania na mesma lógica que preside o aparecimento de todos os outros regimes imperfeitos. Até esse momento do texto, portanto, a tirania é tratada como o pior regime, cuja origem está no processo de corrupção, que atinge toda e qualquer forma de governo que não seja capaz de resistir ao tempo.

Ao passar a estudar a figura do homem tirânico, no entanto, as coisas vão paulatinamente se modificando. O retrato que Platão faz do tirano parte de uma reconsideração da teoria sumária sobre os desejos, que havia sido apresentada no oitavo livro. No lugar da separação entre os desejos necessários e os que são úteis, ele mostra que existem na alma pendores diferentes, que podem conviver harmoniosamente, mas que também podem conduzir a extremos terríveis. Assim, temos de um lado uma parte racional, que permite aos homens dominar seus impulsos e se relacionar com os outros pela mediação da lei. De outro lado, subsiste em todos nós, e aqui é preciso frisar que Platão não exclui ninguém (*República*, 572b), um lado sombrio, que se esconde nos sonhos e que leva a alma "a não recuar diante de audácias impensáveis, como se estivesse livre, desembaraçada de toda a vergonha e de toda a reflexão: não recuando nem mesmo diante da ideia de se unir à sua mãe, ou a qualquer outra pessoa, Deus ou besta" (*ibidem*, 571c).

Descrevendo em primeiro lugar a natureza de certos desejos que habitam nossa alma, em lugar de passar ao estudo do tirano, Platão deixa claro que o tirano não deve ser pensado a partir de uma teoria do extraordinário, do que nega em absoluto a natureza do homem. Mesmo antes de falar sobre os desejos dos tiranos, sabemos que portamos em nós uma possibilidade de desrazão e de horror, que não pode ser descartada nem mesmo pelo apelo à razão, que, como mostra nosso autor, não pode reger nossa alma sempre em todas as situações. Essas considerações, na verdade, só aumentam o significado e o alcance das teses de Platão. Se a alma tirânica fosse especial, poderíamos classificar os desejos bestiais como algo para além do humano. O que pretende mostrar Platão é que o estudo da tirania permanece no campo das análises anteriores, mesmo se não a podemos compreender com o arsenal teórico que nos serviu até aqui.

O homem tirânico, como não poderia deixar de ser, nasce da transformação do homem democrático. Aos poucos a liberalidade dos costumes vai tornando possível aos "zangões" invadir a alma dos jovens a ponto de destruir todo sentimento de vergonha e pudor (*República*, 573a). No delírio provocado pelo domínio dos desejos escondidos, surge o homem tirânico; sobre as cinzas do que restou do antigo cidadão, aparece um ser inteiramente voltado para os prazeres do corpo e do momento, disposto até mesmo a sacrificar seus pais, para manter viva a chama da vontade constante de gozo (*ibidem*, 574b). Na formação do tirano, Eros ocupa um lugar essencial. Com efeito, é transformando-se no tirano da alma do jovem democrático que Eros acaba por permitir a conversão do que era pura desrazão de algumas almas atormentadas e perdidas, em fonte de um novo poder (*ibidem*, 575a). Como mostra Platão: "Pois, quando numa cidade o número de homens dessa espécie, e de seus companheiros, é grande, e quando percebem que constituem um grupo significativo, então, servindo-se da imbecilidade popular, dão nascimento ao tirano: escolhendo entre eles justamente o que tem a alma mais dominada pelo mais absoluto dos tiranos" (*ibidem*, 575c).

A lógica do mais forte, exposta por Trasímaco, encontra-se aqui com a lógica de Eros, para produzir o personagem extremo da vida política: o tirano. De fato, Platão pinta-o com cores fortes, para demonstrar que a tirania não é apenas a realização de uma forma de desejo; é a vitória dos desejos mais baixos sobre toda a obra de civilização, empreendida pela razão. O que vamos encontrando, finalmente, é uma inversão completa de todos os valores que comandam na *República* a busca da justiça e da felicidade. Como nos mostra Chanteur, referindo-se à política do tirano: "Ela é, pois, simetricamente oposta à que busca o bem comum através da ordem racional e cujo fim está situado fora dela, como seu princípio" (Chanteur 1980: 79). A compreensão do desejo, por sua vez, é alargada com o estudo da tirania. Sua face destrutiva e negativa demonstra ter um significado muito mais amplo para a cidade do que uma análise isolada dos indivíduos poderia apontar[17].

Será, então, que podemos continuar a pensar a tirania como um regime a mais do círculo das constituições? A observar alguns detalhes da argumentação platônica, vemos que a resposta não pode ser inteiramente afirmativa. De fato, chegamos ao tirano seguindo o mesmo caminho que nos levou ao homem democrático e ao homem oligárquico. A tirania pode ser deduzida como parte do processo de corrupção que atinge todas as formas políticas. Nesse sentido, nossa resposta pode ser afirmativa. Mas, se observarmos de perto alguns traços da tirania, veremos que não podemos nos contentar com a mera proximidade em relação aos outros regimes. Com efeito, o tirano também é o produto de uma luta entre os desejos capitaneados pelos "zangões" e a porção racional da alma do jovem democrático. Aqui, no entanto, produz-se algo que está ausente dos outros homens. O tirano não é mais o meio-termo entre uma virtude e um vício. Sua natureza corresponde inteiramente a seus próprios desejos e por isso vive apenas para a satisfação das infinitas necessidades que daí decorrem. A tirania é, portanto, o regime do puro desejo. O que antes permitia pensar a mudança, agora se cristaliza na triste figura do governante que, para existir, deve negar o direito de todos a fazer o que quer que seja que lhe pareça um obstáculo à desmesura de suas vontades.

Desde Aristóteles, sabemos que Platão não nos ensina a transformar uma tirania em outra forma de governo. Ao contrário dos outros regimes, quanto mais aprofundamos nossas análises, mais ela parece fechar-se sobre si mesma, sem que uma porta se abra para indicar o retorno ao círculo das constituições. O que devemos nos perguntar é se isso indica uma lacuna no pensamento de nosso autor ou se, ao contrário, seu silêncio nos ensina mais sobre a vida política do que uma eventual solução artificial do problema. Ora, o que a tirania tem de especial é o fato de que nela não há distância entre o desejo do governante e seu poder. Por isso, o tirano é levado a acreditar que age como um deus. O grande legislador também se aproxima dos deuses no momento em que fornece as bases para a vida política, mas longe de querer guardar para si este poder, transfere-o para as leis. Isso é possível, no entanto, porque o que ele lega para a cidade é fruto de um convívio com a razão e com o saber, e não com o desejo. Assim, o tirano percebe corretamente que sua condição tem algo de divino, mas no lugar da sabedoria há apenas o seu inverso. Como Eros é insaciável, não há como transferir o produto de sua busca para a cidade; ao contrário, o tirano deve aniquilar o desejo de todos, para que o seu possa ser satisfeito. Na ausência do outro, na destruição da distância que separa poder e querer, o mundo da política se desfaz, para dar lugar ao caos e à violência.

A tirania não é, portanto, um regime como os outros. Ela é o ideal negativo da vida política. Ela marca a fronteira na qual o animal político converte-se em besta, ao acreditar ter-se feito deus. Seu papel, assim, é semelhante ao do regime ideal, mas invertido (Chanteur 1980: 84). Enquanto neste a sabedoria mostra-se como a fonte da vida melhor, na tirania é a própria possibilidade da felicidade dos homens que é posta em questão. Não é à toa que Platão dedica tanto espaço ao problema. Ao notar que existe um tirano adormecido em cada um de nós, ele percebe que o que chamamos de vida política existe entre dois extremos opostos. De um lado, temos o caminho da virtude, que, se trilhado com as armas da razão, pode levar-nos ao regime ideal e à felicidade; de outro, temos a tirania e o império dos desejos, que conduz ao isolamento e à destruição dos laços de sociabilidade.

Para que essa tese seja verdadeira, no entanto, é preciso se perguntar se a redução da vida política é tamanha, que nem mesmo o tirano pode ser feliz, num mundo no qual apenas seus desejos importam. É a essa questão que Platão dedica a sequência de seus argumentos. Com isso, parece-nos, ele vai na direção que apontamos e torna a pergunta sobre o retorno ao ciclo das constituições ociosa, diante do papel completamente diferente que dá à tirania.

Podemos resumir em uma linha a resposta platônica à pergunta sobre a felicidade do tirano: o tirano não pode ser feliz e, assim, a tirania é o regime no qual não podemos reconhecer uma parcela mínima do bem comum. Mas não é dessa maneira que nosso autor responde ao desafio. Ele parece perceber que não é simplesmente a tirania que está em questão, mas toda sua argumentação a favor do regime ideal e da justiça. Numa longa e elaborada resposta, Platão quer acabar de vez com a polêmica que o separou de homens como Trasímaco e Cálicles, demonstrando que não só desconheciam a verdadeira relação que existe entre política e saber, como também a verdadeira essência da tirania que defendiam. Ao apostar na defesa da lei do mais forte, os sofistas acabavam prisioneiros da própria armadilha, uma vez que não eram capazes de provar que um tirano era feliz, ou que pudesse simplesmente não desejar sê-lo. Ao fazer da tirania um regime "normal", eles acabavam por desconhecer sua natureza e seu processo de formação. Sem o conhecimento da justiça, mostra Platão, até o conhecimento da tirania é puro simulacro.

A esse respeito, é necessário lembrar que aqui não se trata de mostrar que a tirania é vivida pelos súditos como o pior regime, isso é voz corrente entre os gregos (*República*, 557a). O que se quer desmistificar é a condição do tirano, que, apresentando-se ao público como o mais feliz dos homens, oferece a imagem do mortal que alcançou o pleno desenvolvimento de suas possibilidades, transformando-se aos olhos do povo no paradigma do ator político bem-sucedido. Em suma, é a tese sofística que é preciso combater, dessa vez em seu próprio terreno.

O primeiro argumento utilizado por Platão lança mão da correspondência que ele demonstrou existir entre a natureza dos estados e a natureza dos homens. Assim, partindo da análise, ou melhor, do que é geralmente admitido sobre a tirania, ele procura mostrar que, se a alma tirânica corresponde à cidade tirânica, então será sempre prisioneira de mil agitações e arrependimentos, sempre escrava de paixões e desejos e, portanto, corresponderá à condição mais terrível da existência (*ibidem*, 578b). O homem tirânico, vivendo em pleno império dos desejos, é a vítima de sua própria desmesura. Mas, num primeiro momento, nosso autor fala apenas da condição do homem tirânico, e não do tirano, pois a coerência de seu argumento depende justamente do acordo entre a natureza da cidade e dos indivíduos em geral, não somente dos que governam. Se a alma tirânica é infeliz, podemos agora nos perguntar pela condição daquele que tem não somente os desejos dominando a razão, mas que, por um acidente qualquer, conhece a possibilidade de se tornar tirano (*República*, 578c).

O homem tirânico desconhece a razão, ou a tem dominada por partes inferiores da alma. Essa luta, no entanto, entre as partes da alma dá-se apenas no interior do homem e podemos conhecer seu significado pela analogia com a cidade. Ao transformar-se em tirano, o homem que até então fora atormentado por seus desejos ganha a possibilidade de realizá-los todos, uma vez que se transforma no único habitante a ter para si todos os meios de execução de suas vontades. Encontramos aqui um paradoxo da tirania. Com efeito, o tirano detém o poder e aparentemente os meios de exercê-lo. Entretanto, a condição do tirano, ou sua realização, depende da exclusão absoluta do outro; a condição da tirania é a solidão. No plano pessoal, a solidão pode significar o efetivo isolamento do indivíduo, a recusa da presença do outro, mas não implica contradição entre os desejos e sua realização. Uma vida desenfreada e destituída de todas as amarras morais é o melhor exemplo do que acabamos de mostrar. Essa vida é dita infeliz, como vimos, por analogia com a tirania, mas não está em contradição consigo mesma. Ora, o tirano ao ocupar o poder o faz às expensas da liberdade de todos, o faz à custa da destruição do espaço público. Mas aí está sua perdição. Ao abandonar o mundo restrito da vida privada, ele passa a conviver com pessoas que lhe são inteiramente exteriores. Como a solidão é a condição de sua existência, ele continua a recusar a presença dos outros convertidos em escravos. O poder, no entanto, depende da alteridade, depende de contatos mútuos e de leis, que são a garantia contra a violência privada.

O tirano, sendo sua própria lei, não pode recorrer ao espaço público para sua defesa. Isolado, somente pode apelar para a força de milícias estrangeiras, que passa a temer mais do que tudo, uma vez que não existe nenhuma instância à qual pode recorrer para defender-se de outras almas tão depravadas quanto a sua. No mundo do tirano não há como impedir os outros de desejarem ocupar a tirania. O medo, que todos sentem, acaba por ser a prisão do próprio tirano, que ao destruir o espaço público acabou se condenando a viver escondido em sua própria cidade (*República*, 579b).

Platão resume seu argumento dizendo: "Eis quão abundante é a colheita de males que recebe este tipo de homem, cujo regime pessoal íntimo não vale nada, aquele que teu julgamento proclamou há pouco como o mais infeliz, o homem tirânico. E isso porque ele não leva a vida de um simples particular, mas foi levado, por uma série de acasos, a exercer a tirania, ele que não é mestre de si mesmo, deve transformar-se no mestre dos outros: como se um corpo doente, que não se domina, fosse obrigado, no lugar de uma vida de simples particular, a participar de lutas contra outros corpos" (*ibidem*, 579c). O desenvolvimento do primeiro argumento demonstrou que, de todos os regimes, a tirania é o que torna os homens mais infelizes. A descrição que é feita do tirano é, no entanto, tão radical, que sua infelicidade se torna paradigma, em limite negativo da existência. Se aceitamos que a busca da felicidade faz parte da natureza do homem, e isso até os sofistas aceitavam, então a condição do tirano é o ideal negativo da humanidade, que não reconhece nela nem mais um grão de sua própria essência. Regime como os outros, ela aponta para uma esfera que já abandonou o terreno dos homens, para converter-se no espaço dos deuses e das bestas. Ideal negativo, a tirania parece devorar antes de mais nada o tirano, que no abismo do desejo é tragado em primeiro lugar.

O segundo argumento vai reforçar essa tese. Platão dessa vez torna as coisas ainda mais explícitas. Recorrendo a uma análise das partes da alma, ele mostra que podemos dividi-la em três: uma parte relacionada ao saber, outra à honra e à glória, e por fim uma que diz respeito aos ganhos e aos desejos mais baixos (*República*, 580-1). Ora, já sabemos que o regime ideal se relaciona com a filosofia e, portanto, com o império do sábio. O que Platão faz, então, é mostrar que o tirano, apoiando-se na parte da alma que é simetricamente oposta à que se dedica ao saber, tem a maior distância possível da única e verdadeira fonte de felicidade na cidade, que é a sabedoria. O que nos interessa nesse argumento não é tanto o fato de que o tirano seja associado ao reino dos desejos, mas sim que seu oposto seja o sábio, o rei filósofo, e não um governante qualquer de um dos regimes do círculo das constituições. Nesse sentido, a tirania não é simplesmente mais um dos regimes imperfeitos, mas o regime imperfeito por excelência, o que contém em negativo as qualidades que um regime verdadeiramente justo deve conter. Se o regime ideal faz coincidir felicidade e justiça, a tirania, por ser absolutamente injusta, torna o tirano e seus súditos necessariamente infelizes.

Depois de infligir uma dupla derrota aos que acreditavam na felicidade do tirano, nosso autor recorre a um terceiro argumento, que ele mesmo acredita ser definitivo (*ibidem*, 583b). Trata-se agora de combater uma ideia que muito frequentemente estava associada à condição do tirano, a saber, a de que ele leva a vida mais prazerosa. Recorrendo à associação entre saber e prazer, e, sobretudo, ao fato de que o prazer nasce de uma adequação entre o objetivo visado e a parte de alma que o visa, Platão deduz que a condição do sábio é a mais prazerosa: "É, pois, o tirano que está mais distante de um prazer verdadeiro e apropriado; e o homem real o que está mais próximo" (*ibidem*, 587b). Fica, assim, estabelecida a inferioridade da vida sob uma tirania e da condição do próprio tirano. Platão chega mesmo a calcular essa infelicidade mostrando que o tirano é 729 vezes menos feliz do que o homem real (*ibidem*, 587e). Depois disso, nosso autor muda de rumo para continuar a discutir a questão da justiça, sem nos dizer como retornar ao primeiro regime do círculo das constituições.

À luz de nossas últimas considerações, acreditamos que esse fato toma um outro significado. De fato, se a tirania fosse apenas mais um regime imperfeito, seria normal esperar pela descrição de seus mecanismos de transformação. Ora, o que acabamos de ver é que a tirania não pode ser compreendida dessa maneira. Assim como o regime ideal parece conter a plenitude da condição humana, a tirania demarca um limite negativo da existência, que não pode ser ultrapassado por ninguém que seja ainda um homem. Enquanto ideal negativo, ele tem, portanto, um papel regulador importante na vida política ao apontar para os atores políticos o sentido destrutivo a que podem conduzir suas ações, que se distanciam da busca da virtude e de justiça. Sem esse polo negativo, a vida justa pareceria apenas um sonho de alguns poucos. Com a análise da infelicidade do tirano chegamos a uma oposição que não apela para os bons sentimentos, mas para a realidade brutal da destruição da vida pública pela lógica dos desejos. Platão conclui, assim, de maneira luminosa seu combate contra os sofistas e os defensores da tirania, derrotando-os em seu próprio terreno. A tirania, por sua vez, ganha um relevo teórico, que não possuía no ideário grego de então. Falar da tirania revela-se uma maneira adequada de falar da própria extensão da vida política. Ideal negativo, ela nos ensina coisas que um olhar voltado apenas para os regimes "normais" mostrou-se incapaz de apreender.

3.2. ARISTÓTELES

3.2.1. Aristóteles crítico de Platão

Ao final do quinto livro da *Política*, depois de discutir a conservação das várias formas de governo, Aristóteles critica explicitamente seu mestre, em particular suas teorias sobre a tirania[18]. Antes, porém, de se referir à questão, o Estagirita já havia afirmado que, de todos os regimes, a tirania é o que menos dura, apesar de alguns exemplos em contrário, que ele mesmo cita. Nesses casos, trata-se, a seu ver, de tiranias atípicas e que se aproximam de outros regimes, em particular, no que diz respeito ao relacionamento do tirano com seus súditos (Aristóteles, *Política*, 1315b20-25). Quanto menos recorrer à violência e à força, menos o tirano deverá temer a oposição, e mais poderá consolidar seu poder, como mostra a história dos Cipsélidas em Corinto.

Depois dessas considerações, Aristóteles passa a falar de Platão, de um modo que não restem dúvidas quanto à sua crítica: "Na *República*, a questão das transformações é discutida por Sócrates; todavia, sua exposição não é exata" (*id., ibid.*, 1316a1). Dito de maneira tão direta, não podemos duvidar que o discípulo queira se distanciar do mestre. Mas o que chama a atenção é que não o faz de forma dissimulada, não evita o confronto em torno de pontos que são verdadeiramente centrais na obra de Platão. A continuação do texto, aliás, deixa claro que a divergência não se resume a uma querela pontual e que as diferenças expostas no Livro II não perderam a atualidade, quando se trata de abordar o problema dos regimes no tempo. Referindo-se à transformação do regime perfeito de Platão, Aristóteles resume suas críticas perguntando: "Por que tal mudança seria própria à constituição que Sócrates afirma ser a melhor, mais do que a todas as outras e ao conjunto mesmo do devir?" (*id., ibid.*, 1316a10). A ideia de um círculo fechado de constituições lhe parece estranha, pois vai de encontro ao que normalmente observamos no curso das coisas.

Na *Física*, o Estagirita manifesta certa dificuldade com a aplicação de conceitos derivados de uma ciência da natureza nos domínios do homem[19]. Mesmo sem acusar seu mestre de confundir as esferas, é evidente que Aristóteles não se contenta com a aplicação da ideia da circularidade do tempo à mudança das constituições (Aristóteles, *Física*, IV, 10-12, 218b-224a). O que o intriga, sobretudo, na posição de Platão, é que ela esteja em tão flagrante contradição com a realidade do mundo político. Observando as constituições, vemos que a ordem sugerida por seu mestre não parece corresponder ao que se verifica, "pois todas as constituições transformam-se com mais frequência em sua forma oposta do que na que lhe é próxima" (Aristóteles, *Política*, 1316a20). E isso se torna ainda mais patente quando ele analisa a tirania: "A mais, no que diz respeito à tirania, Sócrates não nos diz se ela está sujeita a mudanças, nem se ela não pode mudar, por que razões e em que espécie de constituição se transformará" (*id., ibid.*, 1316a25). É o núcleo mesmo do oitavo e do nono livros da *República* que se encontra em questão. Como vimos, toda a coerência da exposição de Platão depende da afirmação da existência de um processo circular e contínuo. Ora, é justamente isso que Aristóteles não vê refletido na realidade, o que o leva a suspeitar que seu mestre misture a ordem das coisas e não encontre uma saída para as tiranias: "A causa de seu silêncio é que ele não teria encontrado facilmente a resposta, pois esse é o domínio do indeterminado" (*id., ibid.*, 1316a30).

A última frase delimita com perfeição a distância que separa os dois filósofos, quando se trata de pensar a relação das diversas constituições no tempo. Apelar para o conceito de indeterminação, para explicar o impasse em que se encontra Platão, para encontrar uma saída para a tirania no círculo das constituições, sugere uma diferença que diz respeito não só à teoria dos regimes, mas a toda a filosofia política e à sua articulação com a ética e a metafísica. Antes, porém, de levar adiante essa hipótese, vale a pena relembrar alguns aspectos da doutrina aristotélica da indeterminação.

Como mostra Aubenque[20], não devemos falar propriamente em teoria da contingência ou da indeterminação, mas antes procurar compreender seu significado para o domínio da política e da ética. Em primeiro lugar, é preciso descartar as sofisticadas análises da *Física*, que, incluindo o problema do acaso e da indeterminação nos estudos da causalidade, acabam por reduzir seu alcance no tocante aos negócios humanos (Aubenque 1986: 76-7). Esse abandono, no entanto, não é mera estratégia de leitura, que serviria para esconder uma parte problemática da obra para a elucidação de nossa questão. Trata-se, na verdade, de buscar no conjunto de seus estudos algo que possa iluminar o significado da ideia de indeterminação que aparece na *Política*. Um bom ponto de partida é a ideia de contingência.

Nesse sentido, é provável que encontremos uma explicação mais apropriada na ética e na análise da ação. Com efeito, é nesse terreno que Aubenque situa sua interpretação, mostrando, porém, que mesmo aí não se deve buscar uma teoria única, uma vez que os gregos concebiam a ciência como uma explicação total dos fenômenos, o que exclui a contingência (Aubenque 1986: 69). Ora, a supressão da contingência corresponderia também à supressão da ação. "O que Aristóteles quer dizer é que num mundo perfeitamente transparente para a ciência, quer dizer, no qual fosse estabelecido que nada pode ser diferente do que é, não haveria lugar para a arte, e de uma maneira geral, para a ação humana" (*id., ibid.*: 68). A contingência, portanto, interessa na medida em que descreve a condição na qual se desenrola a ação humana, enquanto ela cria o que não está dado a priori. Ela deve ser entendida "não como uma região do ser, mas como uma propriedade negativa que afeta os processos naturais" (*id., ibid.*). É nesse terreno que se movem os atores políticos e os homens em busca da virtude.

O problema tem, assim, em Aristóteles diversas faces e muitas implicações. O acaso, a contingência, a indeterminação confrontam o ator com seus próprios limites. Qualquer que seja a solução, atribuir, por exemplo, a Deus toda a responsabilidade pelo que ocorre no mundo, não nos libera do sentimento de que a ação depende, para ter significação ontológica, de uma brecha no real, de uma dimensão que não pode ser reduzida aos diversos esquemas de causação. O próprio Estagirita, discorrendo na *Física* sobre as causas diversas, afirma: "A causa é por si determinada, a causa por acidente é indeterminada, pois os acidentes possíveis de uma coisa são infinitos" (Aristóteles, *Física*, 196b, 27-9). Como observa Aubenque, o acaso existe em um mundo no qual nem tudo pode ser totalmente compreendido, no qual os acidentes não podem ser reduzidos à essência e, portanto, no qual faz sentido agir (Aubenque 1986: 77). Ainda que não cheguemos a um conceito único sobre o acaso, mesmo que não possamos delimitar o alcance da contingência, que deve ser compreendida como negatividade, permanece vivo no pensamento de Aristóteles o sentimento de que não é possível pensar um mundo dos homens do qual conheçamos todas as determinações. Como sintetiza Aubenque: "Agir e produzir é, de alguma maneira, inserir-se no mundo para modificá-lo; é supor que este, pois que ele oferece esta latitude, comporta um certo jogo, uma certa indeterminação, um certo inacabamento" (*id., ibid.*: 66).

À luz dessas considerações, que significado devemos atribuir à crítica feita a Platão no tocante às transformações da tirania? É claro que não podemos deduzir daí que não há para Aristóteles diferença essencial entre os diversos regimes. Num plano mais imediato, ele está simplesmente dizendo que a ordem lógica da modificação dos regimes sugerida por seu mestre não corresponde ao que se verifica na história. Mas, então, por que dizer que a transformação da tirania é do domínio do indeterminado? Se podemos atribuir ao encontro do acaso com a ação humana o sentido das várias transformações sofridas pelos regimes, então as diversas formas constitucionais são menos importantes do que para Platão, pois correspondem apenas a um arranjo no tempo das estruturas de mando, e não a uma expressão do desenrolar do tempo e do sentido de sua corrupção. Levada às últimas consequências, a indeterminação existente na vida política esvazia o significado negativo da tirania, transformando-a num regime como os outros, e ainda mais, numa organização constitucional, possível de ocorrer no tempo, sem que isso indique o que quer que seja em relação ao estágio de desenvolvimento dos homens e de sua vida política.

Essa maneira de ler as coisas parece derrubar nossa tese principal, pelo menos em Aristóteles, fazendo da tirania apenas um regime ruim. Essa impressão, além do mais, poderia ser confirmada pelo leitor que tivesse prestado atenção às análises do quarto livro, quando nosso autor se dedica a estudar as diversas formas constitucionais. Referindo-se à tirania, ele diz: "Resta-nos tratar da tirania, não porque tenhamos muito a dizer a seu respeito, mas para que ela receba sua justa parte em nossa pesquisa, uma vez que a reconhecemos como uma forma de governo" (Aristóteles, *Política*, 1295a1). Ora, para que essa hipótese seja considerada, é necessário procurar o sentido exato da ideia de indeterminação contida no quinto livro. De fato, Aristóteles não acredita, como Platão, que as constituições mudem seguindo sempre uma regra rigorosa. Se elas são o produto da ação humana e do acaso, não podemos esperar um desenvolvimento circular perfeito para fenômenos que não possuem a mesma regularidade das coisas da natureza. Isso, no entanto, não implica dizer que os regimes se equivalem, como poderia ser deduzido do trecho citado acima, pois, nesse caso, toda a filosofia política do Estagirita, particularmente em sua referência ao regime ideal, seria posta à prova. Assim, podemos, mesmo sem aprofundar muito nossas análises, afirmar que em Aristóteles permanece viva a instância reguladora do regime ideal, (o que é demonstrado largamente nos sétimo e oitavo livros da *Política*), única que me permite julgar as diversas constituições. A indeterminação diz respeito ao sentido das mudanças, não à qualidade dos regimes.

Um segundo ponto que deve ser considerado é o fato de que a indeterminação no sentido das mudanças altera a compreensão do tempo, em relação ao que vimos em Platão, mas não pode significar a inexistência de um sentido no processo de corrupção. Com efeito, Aristóteles não sugere em lugar algum da *Política* que o tempo seja, por exemplo, de natureza linear, ou que o conceito de corrupção não tenha significado. O próprio Livro V é a prova de que para ele a corrupção é um fato essencial da vida política, que só pode ser evitada, ou diminuída, pela escolha ou da melhor forma constitucional, ou pela construção do regime ideal. Assim, permanece o fosso entre os regimes submetidos à corrupção e a única forma capaz de resistir à degeneração.

Feitas essas considerações, permanece a questão de saber se a tirania tem em Aristóteles o mesmo papel de regulador invertido da vida política, de ideal negativo, ou se, ao contrário, é apenas mais um dos regimes, o mais distante do regime ideal, mas sem nenhuma significação especial.

3.2.2. Tirania e monarquia

Para abordar a tirania em Aristóteles vamos, então, buscar a via oblíqua, sugerida por ele mesmo na *Retórica* e em algumas passagens da *Política*. Em lugar de fazer da tirania seu objeto privilegiado, nosso autor prefere tratá-lo como parte de um objeto que, a seu ver, tem um significado mais amplo na vida política: a monarquia. Assim, diz ele: "A monarquia é, como indica seu nome, aquela na qual um só homem é mestre soberano de todas as coisas. Ela tem duas formas: aquela que é submetida a uma certa ordem é a realeza, aquela cujo poder não conhece limites é a tirania" (Aristóteles, *Retórica*, I, 8, 1365b37). Dessa maneira, para compreender a tirania, é preciso recorrer à monarquia e descobrir de que maneira ela representa uma forma extrema do governo de um só.

É no livro terceiro da *Política* que encontramos o primeiro tratamento sistemático da questão. Antes, porém, de analisar as passagens mais significativas, é necessário relembrar o papel que esse livro tem na economia geral da obra. Como já mostrou Wolff, ao lado do primeiro, ele fornece o núcleo central teórico em torno do qual se constrói a reflexão de Aristóteles sobre a política (Wolff 1991: 5-28). Assim, devemos observar que as análises referentes às constituições que aparecem aí são de uma natureza muito diversa dos estudos detalhados que nosso autor empreende nos livros quarto e sexto, nos quais passa em revista os problemas e as vantagens das diversas formas constitucionais. Aqui, a preocupação é com os fundamentos da experiência política, em outras partes da obra, com a forma efetiva de sua existência. Por isso, não há incompatibilidade entre a maneira sumária com a qual se refere à tirania no quarto livro, e as análises da monarquia em suas diversas derivações – incluindo a despótica – do livro terceiro.

A análise da monarquia é precedida pelo estudo da instituição do ostracismo. Não deixa de ser curioso que essa preocupação apareça no meio de considerações sobre as diversas constituições. Num primeiro momento, Aristóteles parece simplesmente reforçar o que já mostrara antes, a saber, que o princípio que serve de base a todas as formas de governo imperfeitas são igualmente limitados, não existindo razão para preferirmos esta ou aquela constituição a partir da ideia que cada uma desenvolve da justiça (Aristóteles, *Política*, 1283b30). Por isso, todas as constituições recorrem ao ostracismo, quando se trata de banir o excesso e de regular a vida dos cidadãos de acordo com a norma que estrutura a vida em comum (*id., ibid.*, 1284b1). Tal procedimento não é próprio a nenhuma delas, e o problema posto pelos cidadãos ou pelo cidadão que destoa dos outros devido a possuir seja uma virtude excessiva, seja uma força excessiva, incomoda tanto aos tiranos quanto aos dirigentes de uma aristocracia ou de uma democracia (*id., ibid.*, 1284a25-30).

Se de fato o ostracismo foi uma instituição típica da vida grega e se muitas vezes ele serviu apenas como instrumento da luta partidária, por que abordar este tema no meio de discussões que não parecem pressupô-lo, e que, a priori, não se tornam mais ricas, uma vez que o próprio Aristóteles reconhece que todas as constituições recorrem a esse expediente? Sobretudo, que interesse pode ter esse problema para nós, se nosso autor faz questão de dizer que as tiranias não são diferentes nesse aspecto dos outros regimes? Talvez procurando esclarecer o ponto de partida do ostracismo de maneira geral, e não na sua particularidade, possamos aprender alguma coisa que nos faça progredir em nosso caminho.

O princípio do ostracismo é a recusa de uma diferença que por sua própria natureza coloca em risco o poder instituído. Assim, uma aristocracia não pode conviver com um homem extremamente virtuoso, pois, seguindo o princípio que estrutura a vida política nas cidades aristocráticas, esse homem poderia reivindicar o poder só para ele, entrando em conflito com todo o sistema de distribuição do mando. Da mesma maneira, numa democracia, o excesso de poder põe em risco o regime, cujo princípio é a igualdade. Mas essas considerações esbarram em uma dificuldade, quando analisamos as monarquias, pois nelas é impossível que o rei não possua um poder excessivo em relação a seus súditos, que, por sua vez, identificam-se na igual distância que os separa do poder real. Aristóteles resolve o problema, em primeiro lugar, de maneira pragmática. Diz ele: "Resulta, do que acabamos de dizer, que o emprego do processo eliminatório não impede que os monarcas tenham boas relações com as cidades que governam, à condição de que usem o poder pessoal em benefício do interesse da cidade" (Aristóteles, *Política*, 1284b10). Essa solução, no entanto, só contempla uma forma de monarquia e não evita a difícil questão relativa ao sábio que efetivamente detém um conhecimento superior ao dos outros homens e em domínios que não são puramente particulares.

Aqui, o problema do ostracismo mostra sua outra face. Se nos limitarmos às formas normais de monarquia, vale a solução anterior, mas se aceitarmos que é monárquico todo governo de um só, como admite Aristóteles, vamos encontrar a difícil questão da verdadeira virtude e do verdadeiro saber e de sua relação com o poder. Nesse trecho da obra, o Estagirita não podia ser mais explícito: "Mas no caso da constituição ideal, seu emprego dá lugar a um problema grave; não quando se trata de aplicá-lo a uma superioridade excessiva no domínio das qualidades tais como a força política, a riqueza ou o número excessivo de amigos, mas quando um cidadão distinguiu-se por sua virtude extraordinária" (*id., ibid.*, 1284b25). Só resta a essa cidade obedecer a esse homem que é como um deus entre os outros homens.

Chegamos, assim, a uma encruzilhada na qual o regime ideal, a monarquia e a tirania se aproximam e na qual saber e poder se encontram. De fato, Aristóteles não diz que a monarquia é o melhor regime possível, mas que no mando de um só encontra-se a possibilidade de realização de dois extremos da vida política: o governo do sábio, ao qual somos obrigados a obedecer, e a tirania. As cidades normais desconfiam do excesso e por isso o punem com o ostracismo, mas não podem punir todos os excessos, pois reconhecem na monarquia uma forma legítima de governo. Assim, esse regime, pelas possibilidades que contém, transforma-se num objeto privilegiado para o estudante da política, mesmo que não seja em si uma forma especial de governo. É interessante observar que, nesse ponto do texto, Aristóteles aproxima-se curiosamente de Platão ao dizer que diante da suprema virtude só nos resta a obediência. Se lembrarmos o cuidado com o qual ele trata o problema da relação do sábio com a cidade no final da *Ética a Nicômaco*, devemos reconhecer que uma mudança se operou em sua argumentação. O que na ética suscitava uma dificuldade aqui dá lugar a uma afirmação clara e inequívoca, como se a passagem para o terreno da política tornasse mais fácil o tratamento da questão da relação entre poder e saber. Para a análise da tirania isso significa a descoberta de uma porta, através da qual podemos esperar enxergar novos caminhos capazes de elucidar seu significado na obra de Aristóteles. Devemos notar, no entanto, que a aproximação que a análise do ostracismo produz entre os dois grandes filósofos altera a percepção do problema que nosso primeiro item parecia indicar. Continuando nosso percurso, vamos mostrar que a tirania, como em Platão, aponta para limites da vida política que desempenham um papel importante na reflexão política clássica.

Aristóteles começa o estudo da monarquia da maneira pela qual conduz muitas de suas análises: classificando os diversos tipos existentes. De início chega a quatro formas: a monarquia dos tempos heroicos – exercida por um rei cujos poderes eram limitados –, a dos povos bárbaros – que era uma tirania, mas regida por leis e hereditária –, a "aisimnétia" – uma forma de tirania eletiva – e a monarquia do tipo espartano. Após encontrar essas formas, ele enuncia uma quinta: "Existe enfim um quinto tipo de realeza; é aquela na qual um homem sozinho é o senhor absoluto em todos os domínios, da mesma maneira como cada país e cada cidade dispõe soberanamente da coisa pública" (Aristóteles, *Política*, 1285b30).

   É interessante observar que, das cinco formas citadas, três são tiranias. Mas, das três formas de tirania, duas não parecem despertar o interesse de nosso autor, pois, apesar de serem excessivas e mesmo brutais, como no caso da dos bárbaros, permanecem no quadro dos regimes cujos limites são determinados pela lei ou pela tradição. Aliás, é o próprio Aristóteles que reconhece isso ao dizer que apenas a forma espartana e a forma absoluta têm importância. Para continuar, diz ele: "O ponto de partida de nossa pesquisa é o de saber se é mais vantajoso ser governado pelo melhor homem ou pelas melhores leis" (*id., ibid.*, 1286a5).

   A questão posta dessa maneira, mais uma vez, lembra a discussão platônica no *Político*, na qual, entre a universalidade estática da lei e a plasticidade do saber encarnado pelo sábio, escolhe-se a sabedoria do legislador que cria leis e age para além de seus limites (*id., ibid.*, 1286a20). Mas o caso da monarquia regida por leis, ou o do governo do sábio, não apresenta dificuldades que não possam ser resolvidas com o que já se sabia até então. O problema reside, como já mostraram Platão e agora seu discípulo, no fato de que nem sempre sabemos reconhecer o detentor do saber verdadeiro, e, assim, o governo absoluto de um só se converte em algo diferente do problema suscitado pela escolha do melhor regime possível (*id., ibid.*, 1287a1).

   De fato, Aristóteles enuncia o problema diferenciando a monarquia conforme a lei da monarquia absoluta, e lembrando que no primeiro caso trata-se de uma forma normal de governo, enquanto no segundo estamos no domínio do excepcional e, por isso, diante de um caso interessante de estudo. Mas o Estagirita não se preocupa em definir com precisão o que seja uma monarquia absoluta. Ao contrário, ele contenta-se com uma definição curta e geral: "A monarquia absoluta é aquela na qual o rei exerce uma autoridade universal obedecendo apenas à sua própria vontade" (Aristóteles, *Política*, 1287a10). Dessa definição podemos, no entanto, extrair o essencial de suas preocupações, uma vez que ela destaca dois pontos em torno dos quais gira a argumentação de Aristóteles: o da origem do poder, identificada aqui com a vontade particular do rei, e o da extensão do mando, caracterizado como universal. A estratégia argumentativa segue então um caminho claro, que privilegia a identificação de posições que partem exatamente dos dois pontos citados.

A primeira oposição à monarquia absoluta vem do argumento que considera todos os homens iguais e, portanto, contra a natureza todo poder que desconhece esse dado. Mas a afirmação da igualdade entre os homens depende da explicitação de sua forma política, o que é possível pela afirmação da precedência da lei sobre todas as formas de regulação dos conflitos, que têm sua origem em decisões ou escolhas pessoais. Eleger a lei como meio-termo significa abandonar o terreno da vontade permeável aos desejos e interesses pessoais, para se refugiar na razão, o que permite a Aristóteles afirmar: "Assim, pois, querer o reino da lei, é, parece, querer o reino exclusivo de Deus e da razão; querer, ao contrário, o reino do homem, é querer o de uma besta selvagem, pois o apetite irracional tem esse caráter bestial, e a paixão falseia o espírito dos dirigentes, mesmo dos homens mais virtuosos" (*id., ibid.*, 1287a30).

A escolha do polo objetivo da lei como polo regulador da vida política (o que implica a universalização da ideia de igualdade) não deixa de suscitar alguns problemas e de sugerir alguns comentários. Em primeiro lugar, é preciso notar que Aristóteles recorre à mesma ideia de Platão para caracterizar o governo absoluto de um só como o de uma besta, como o reino do irracional. Mas longe de produzir um bestiário centrado na figura do governante, como na *República*, ele contenta-se em demonstrar a superioridade da lei sobre o monarca absoluto. A oposição entre a lei e o tirano fornece, assim, uma comparação menos radical do que a feita entre o tirano e o sábio, o que permite delinear uma oposição ao governo absoluto que não precisa passar pelo regime ideal. Ou seja, se o governante absoluto representa um polo extremo da vida política, apontando para seus limites, não precisamos recorrer ao saber em sua forma suprema para demonstrar seu caráter abusivo e terrível. Da mesma maneira que a prudência é uma virtude que permite bem agir na cidade, sem que sejamos detentores da sabedoria em si, a lei permite criticar radicalmente o tirano, sem que tenhamos de recorrer a um saber que não é acessível aos homens. O que é interessante nesse argumento é que não precisamos de um conhecimento exterior à vivência da "pólis" para delimitar com precisão suas fronteiras e seus riscos. A lei em sua dimensão de invenção racional, assim como enquanto permite a conservação da tradição, é o elemento de conexão entre a razão prática e o saber teórico. Isso permite a Aristóteles concluir: "Vemos, assim, que procurar o que é justo é procurar o meio-termo, pois a lei é o meio-termo" (Aristóteles, *Política*, 1287b5).

Nossa segunda observação diz respeito aos problemas criados por essa maneira de enfocar a questão do governo absoluto de um só. Se de fato estamos diante de uma crítica pertinente e sólida, não podemos desconhecer que a lei não pode dar conta de toda a vida política. Isso porque, como observa o próprio Aristóteles (*id., ibid.*, 1287b20), a política é a arte da deliberação, da escolha, e, portanto, não pode ser inteiramente resumida à obediência às leis. Além do mais, esperar que as leis deem conta de tudo é desconhecer seu caráter prático e suas naturais limitações; desconhecer que a própria vida em comum move-se em um terreno por vezes movediço e que escapa à objetividade das normas. Daí a superioridade do sábio, daí o risco da tirania. Se pudéssemos transformar a política num saber inteiramente teórico, teríamos descoberto o remédio para seus excessos. Como isso não é possível, somos obrigados a buscar as melhores leis sabendo que essas são inferiores a um tipo de saber extremamente raro, mas que contempla a natureza política do homem em toda sua inteireza.

Por isso, Aristóteles, quase no fim do livro terceiro, volta a afirmar que, diante de um homem dotado de um saber superior, só nos resta obedecer. "A parte, com efeito, por natureza não ultrapassa o todo, e o que possui uma tal superioridade está de fato na posição do todo. Só resta uma solução: obedecer a um tal homem e confiar-lhe o poder supremo, não por um tempo limitado, mas de maneira definitiva" (Aristóteles, *Política*, 1288a25). Essa afirmação, que mantém a coerência do sistema aristotélico, faz com que o tirano apareça como um dos personagens possíveis da vida política. Não por natureza, pois segundo ele nenhum povo está destinado à tirania, nem a nenhuma outra forma defeituosa de governo, mas como possibilidade, derivada da indeterminação própria do campo do político (*id., ibid.*, 1287b40).

De novo os dois extremos da vida política estão juntos apontando para seus limites e servindo para regular seus passos intermediários, construídos pelo império da lei. De um lado, temos o regime ideal, com o saber absoluto do homem superior a todos os outros, de outro, a tirania, com a concentração máxima do poder e a ausência da razão. Aristóteles recusa a descrição do oitavo e nonos livros da *República*, mas confere à tirania um significado teórico semelhante ao conferido por Platão: o de polo negativo regulador da vida da "pólis". Cabe-nos agora elucidar as críticas feitas a Platão no tocante às transformações da tirania. Se o impasse platônico pareceu sem sentido para seu discípulo, como mudam as tiranias para ele? Como se comportam no tempo?

3.2.3. Tirania e corrupção

Para responder às questões anteriores é preciso saber se a ideia da tirania como regime regulador negativo tem nos dois filósofos o mesmo significado. Mas antes devemos fazer uma pequena comparação entre o quinto livro da *Política* e o oitavo e nono da *República*.

Em ambos é abordado o problema da corrupção dos regimes no tempo e feita uma descrição das mudanças sofridas pelas constituições. Em Platão, como vimos, essas transformações seguem um curso fixo e terminam num impasse, na medida em que da tirania não conhecemos o caminho de volta, o que é extremamente significativo, pois o tempo é descrito como circular e repetitivo. Já em Aristóteles, não é explicitado o caráter circular do tempo, o que podemos apenas depreender de outros trabalhos, como a *Física*, que visam estudar aspectos muito diferentes do mundo. Essa primeira diferença não nos permite concluir que a concepção do tempo seja diferente nos dois filósofos, mas sim que o tema não é tratado da mesma maneira, quando a questão é a corrupção dos regimes. Platão descreve um movimento no qual as constituições são tomadas em seu ideal, ou em sua realização perfeita. Assim, a democracia é descrita como uma realização extrema do ideal da igualdade, o que lhe confere traços por vezes caricaturais, da mesma forma que a oligarquia é apresentada como o governo dos ricos contra os pobres, com todas as limitações que isso implica na vida de uma cidade. Em Aristóteles, o ponto de partida é outro. O que lhe interessa são as constituições existentes e suas formas temporais concretas.

Com relação à tirania, não podemos dizer que o objeto de Platão seja rigorosamente o mesmo de seu discípulo. No primeiro temos a preocupação com os traços ideais, com os extremos de sua realização. O tirano do nono livro da *República* não é um governante qualquer do tempo de Platão, mas um paradigma da vida política; ele indica a forma final da coincidência entre os desejos mais baixos dos homens e a posse do poder. Já em Aristóteles, a tirania é analisada a partir de suas realizações concretas, de casos conhecidos, que mereceram em seu tempo a condenação dos homens, mas que guardavam marcas de suas origens diversas e da multiplicidade de fatores que entraram em sua formação. A crítica do Estagirita dirige-se, portanto, antes de mais nada ao fato de que seu mestre deixa de lado as tiranias existentes, para centrar sua preocupação na ideia de tirania. Ora, essa crítica pode ser compreendida como parte daquela mais geral que Aristóteles lança ao idealismo de seu mestre e que marca sua ruptura com seu sistema. Ela não diz respeito exclusivamente à tirania, mas a todo o pensamento platônico, no que ele era incapaz de lidar com as realidades empíricas de seu tempo. Não podemos deduzir disso, no entanto, que os dois sistemas sejam incompatíveis no que diz respeito à filosofia política. Assim como, apesar das diferenças de tratamento dispensado por eles ao problema, o regime ideal é um regulador da vida política, acreditamos que a tirania tenha um papel especial na reflexão política dos dois grandes mestres da Antiguidade. Com isso não queremos anular o alcance das críticas aristotélicas, mas simplesmente não perder de vista seu verdadeiro significado. Uma exacerbação das diferenças nos obrigaria a pensar Aristóteles como um feroz empirista e Platão como um desvairado idealista, o que é um perfeito absurdo. Vamos, assim, voltar ao texto de nosso autor para ver como ele aborda de maneira diferente o problema das tiranias no tempo e como resolve a questão de sua relação com os outros regimes. Em nosso próximo capítulo vamos mostrar que seu mestre também se preocupava com as tiranias de seu tempo, que não lhe pareciam impenetráveis à ação dos homens, como a que descreve no livro nono da *República*.

O quinto livro da *Política* tem por objeto a transformação das diversas constituições e o estudo da melhor maneira de conservá-las no tempo. A preocupação não é a de descrever o círculo dos regimes, mas as razões pelas quais eles se tornam vulneráveis ao tempo e a maneira de evitar sua destruição. O tom inicial do quinto lembra mais o dos livros quarto e sexto e menos os textos teóricos do primeiro e do terceiro. Aristóteles procura relacionar medidas que tornem possível a aplicação do "justo meio" às diversas dificuldades pelas quais passam as constituições em suas formas concretas e particulares (Aristóteles, *Política*, 1309b20). A união da virtude adequada ao cargo a um correto entendimento da natureza da "pólis" torna possível a conciliação da ética e da política no terreno das ações de conservação das formas constitucionais. Nesse sentido, é interessante observar que até mesmo o regime considerado o melhor, entre os regimes existentes – a república temperada (a "politeia") –, é submetido ao mesmo tipo de análise (Aristóteles, *Política*, 1307a5), fazendo-nos ver que não há nenhuma razão para supor que a corrupção possa ser vencida por artifícios legais ou de outra natureza[21].

Como no livro terceiro, a análise das causas da corrupção das tiranias vem junto com a das monarquias. Nesse momento do texto, no entanto, uma curiosa inversão processa-se. Enquanto no terceiro livro, a tirania é tratada como um tipo de monarquia, aqui ela aparece como uma mistura de democracia e oligarquia em suas formas extremas. Isso leva Aristóteles a afirmar: "A tirania é também para os súditos o mais nefasto dos regimes, naquilo que ela é uma combinação nociva de dois elementos e que admite perversões e erros provenientes das duas constituições ao mesmo tempo" (*id., ibid.*, 1310b5). Para compreender essa nova maneira de abordar a relação entre os dois regimes é preciso estar atento para alguns aspectos da argumentação aristotélica.

Em primeiro lugar, devemos observar que, entre o livro terceiro e o que estamos analisando, uma mudança de problemática ocorreu. No primeiro caso Aristóteles estava preocupado com a forma do poder, com a maneira como a cidade organiza sua vida pública. Nesse caso, a tirania, como a monarquia, pode ser definida pela ocupação do lugar do mando por apenas um indivíduo. Como já vimos, esse poder aponta para os dois limites da convivência dos homens: o governo do sábio e o governo da besta. No quinto livro o que está em jogo é o funcionamento do regime, os princípios que comandam efetivamente a vida nas cidades. Dessa vez não mais podemos falar de proximidade entre os dois regimes. Enquanto o rei é o protetor tanto dos ricos quanto dos pobres, tendo, portanto, como princípio de suas ações a busca do que é bom para a totalidade dos súditos; o tirano não dedica atenção senão aos seus interesses, não visando a nada de nobre, mas fazendo do prazer o centro de seus atos (*id., ibid.*, 1311a1).

Um segundo ponto ajuda a esclarecer a diferença entre os livros citados e o significado da última afirmação. Aristóteles fala, no terceiro livro, da monarquia de maneira geral, da forma de ocupação do poder, alertando para a existência de formas extremas. No quinto livro, ele opõe a tirania a uma forma específica da monarquia e que ele chama de realeza. A realeza é para ele um regime voltado para o bem comum e para a realização da virtude, o que a torna muito mais próxima da república temperada do que as monarquias que chamam sua atenção no momento de classificar as diversas constituições. Devemos, portanto, ser sensíveis às mudanças operadas no objeto de estudo e abandonar a busca de uma coerência que nesse caso significaria apenas uma desatenção ao movimento do texto.

A tirania, portanto, é agora estudada como uma realidade temporal, conhecida dos homens, e cujo caráter regulador advém do fato de que é possível descobrir facilmente (a partir de experiências particulares) que ela é o pior regime, e sua permanência vai em sentido contrário ao das virtudes que permitem a realização do que a natureza humana tem de melhor. Da oligarquia, ela retém o amor às riquezas, transformadas em fim último da existência; da democracia, o ódio aos notáveis e o desejo de aniquilá-los (Aristóteles, *Política*, 1311a10-5). Como todos os outros regimes, ela é facilmente destruída por causas exteriores: a presença por exemplo de uma democracia em suas vizinhanças, que não pode suportar a vista de um tirano. Mas, mais importante, ela é destruída pelo ódio e pelo desprezo que inspira aos homens (*id., ibid.*, 1312a20). Sua face extrema se mostra pelo fato de que a realização de sua essência é o que a condena ao desaparecimento. No polo oposto, a realeza, regime que o próprio Aristóteles reconhece como raro em seu tempo, é a que mais dura e encontra sua perdição quando deixa o terreno das virtudes para se aproximar do desejo e das paixões que acompanham a vida do tirano (*id., ibid.*, 1313a1).

Definidas as novas condições de análise da tirania, Aristóteles parte para um estudo que tem sabor maquiaveliano. Como fizera com todos os outros regimes, passa a considerar as maneiras de conservar uma tirania, evitando que seus vícios tornem sua existência breve. Nesse caminho existem duas possibilidades: a primeira consiste em exacerbar as características da própria tirania, a segunda em aproximá-la da realeza, sem contudo abrir mão da posse do poder.

No primeiro caso, diz Aristóteles, o tirano age de acordo com a imagem que deles tinham os gregos, sem se importar com as consequências de seus atos. O interessante, nessa parte do texto, é que em nenhum momento é tentada uma condenação moral do tirano, o que retiraria a possibilidade de uma leitura objetiva da conservação do poder. O que está em questão são as formas de manutenção de um regime que não conta com a adesão do Estagirita. Seguindo os conselhos dados por ele, temos um retrato fiel do que acreditava ser a essência da tirania.

O tirano que quiser manter seu poder deve primeiramente aniquilar os espíritos superiores e evitar toda forma de propagação da cultura, que possa servir para o fomento de uma oposição a seu mando (Aristóteles, *Política,* 1313b1). Além disso, deve transformar a bajulação em modo de vida de seus súditos de maneira que ele os tenha sempre sob a vista. Esse procedimento deve ser complementado com o recurso a "observadores", que garantirão ao tirano nada se passar na cidade sem seu conhecimento. Trata-se de um procedimento essencial para um governante que tem nos amigos a maior ameaça (*id., ibid.,* 1313b30), uma vez que toda proximidade com o centro do poder é suspeita, para quem não pode partilhar ou mesmo revelar a motivação de seus atos. Aristóteles resume os objetivos da tirania em três: degradar a alma de seus súditos, semear a desconfiança entre eles e impedir que os homens se ocupem dos negócios públicos (*id., ibid.,* 1314a15-25). Ensinando aos tiranos como conservar um poder ilegítimo, nosso autor nos revela os traços essenciais do regime tirânico. Como podemos ver, a tirania, para Aristóteles, demarca as fronteiras do político, na medida em que só um age e cria na cidade, e essa criação tem por fundamento a destruição da possibilidade de todo ato político. Não se trata de uma forma de governo na qual só existe um cidadão, mas de uma organização da vida pública cujo único sentido é a destruição da lógica que preside as relações de poder coletivas. O mais interessante é que a tirania, mesmo em seus extremos, continua a ser considerada um regime político, ainda que seu sentido seja o inverso do defendido por Aristóteles em seu elogio da "pólis". O sentido negativo não aparece mais caracterizado por meio da imagem de um lugar do qual não se volta, mas como o de um limite possível de todas as experiências políticas e não simplesmente da democracia como em Platão. Ao mesmo tempo em que as críticas que se seguirão implicam uma redução do alcance crítico da descrição da tirania feita na *República*, o fato de que ela possa originar-se de qualquer regime faz dela uma ameaça muito mais presente na vida pública. A grande lição de Aristóteles está justamente em incorporar o extremo da vida política ao campo dos possíveis de nossas experiências mais corriqueiras.

Talvez o melhor esclarecimento do sentido do que acabamos de dizer seja dado pelo próprio Aristóteles. Depois de ter ensinado aos tiranos como exercer a tirania em sua inteireza, mesmo ao preço provável de sua destruição, ele passa a discutir os passos necessários para transformar um regime altamente sensível à passagem do tempo num regime aceito parcialmente pelos homens. Ora, o extraordinário de seus conselhos, e que vem a corroborar nossas hipóteses, é o fato de que a melhor maneira de se preservar uma tirania é escondendo sua natureza verdadeira. Assim, Aristóteles recomenda aos tiranos agir como se fossem reis, guardando para si os meios de obrigar os desafetos a obedecer, pois "ceder nesse ponto seria renunciar à condição de tirano" (Aristóteles, *Política*, 1314a35). Em segundo lugar, o tirano deve parecer usar o dinheiro público em proveito de todos e não apenas para satisfazer a seus desejos (*id., ibid.*, 1314b15), granjeando dessa maneira a estima dos mais simples, que não se sentirão lesados, e evitando o escândalo de prazeres desregrados e violentos. Além disso, o tirano deve evitar as ofensas e castigos ultrajantes, que geram o ódio e o desprezo dos cidadãos, que passam a considerar como objetivo primordial de suas vidas a derrota da tirania. De forma reduzida, diz Aristóteles: "Ele deve aparecer para seus súditos não como um mestre tirânico, mas como um rei; mostrar que não se apropria do bem alheio, mas que age como seu fiel garantidor e que procura em sua vida a moderação em todas as coisas e a ausência de excessos" (Aristóteles, *Político*, 1315b40).

A saída para o tirano é fugir da imagem da tirania; escapar da fronteira perigosa que habita, assumindo muitas das características dos outros regimes. O paradoxo é, no entanto, aparente, pois não se trata se obrigar ao tirano a renunciar ao próprio poder, mas sim de mostrar que ao longo do tempo a realização plena do sentido do mando tirânico é contraditória com sua preservação. Partindo da análise da conservação dos regimes, Aristóteles aproxima-se de Platão, ao demonstrar que é como regulador negativo da vida pública que a tirania nos ensina sobre sua essência. A grande força das conclusões do Estagirita está no fato de que ele chega a elas partindo das tiranias existentes e das características mais evidentes de sua natureza. Longe do voo especulativo de seu mestre, suas lições são ainda mais contundentes na medida em que nos confrontam com uma realidade próxima de nossas experiências políticas habituais.

Com Aristóteles somos postos diante de dois novos campos de estudo da tirania. O primeiro, que só será plenamente explorado mais tarde por Maquiavel, deixa de lado seus aspectos negativos radicais e procura elucidar o funcionamento de seus mecanismos internos, tornando possível uma teoria realista do regime extremo, que Platão, como mostra nosso autor, não foi capaz de desenvolver. O segundo aspecto diz respeito à ideia de regulação, própria da filosofia política clássica. Assim como para chegarmos ao regime ideal devemos passar por um processo educativo, também a tirania parece ser afetada pela educação dos súditos e muito particularmente pela do tirano. Esse será nosso tema no próximo capítulo.

NOTAS

1 Platão, *República*, I, 336b.

2 Crombie desenvolve um argumento semelhante (Crombie 1988: 93-7).

3 Antifonte, Fragmento A. In: *Les présocratiques*. Gallimard, 1988: 1106.

4 "Mas, na ausência de testemunhas, seguirá antes as normas da natureza" (*id., ibid.*: 1104).

5 "Avec l'entrée en scène de Glaucon, immédiatement suivie de celle de son frère Adimante, la discussion change profondement. Elle devient tout à fait athènienne" (Strauss 1987: 112).

6 "Glaucon ainsi rejoint Thrasymaque dans l'affirmation selon laquelle la vie bonne est la vie du tyran, l'exploitation, plus ou moins visible de la sociètè ou de la convention pour son propre et unique profit, c'est-à-dire pour le seul bien naturel" (Strauss 1987: 116).

7 Tomamos os termos "razão prática" e "razão teórica" no sentido que lhes empresta Platão no *Político*.

8 É interessante, a esse respeito, ver as belas passagens do primeiro livro da *Eneida*, que trata das aventuras do herói de Tróia, que terminam na fundação de uma cidade para a qual transporta seus deuses.

9 "La naissance d'Erichtonios se situe d'emblée dans un univers éminement socialisé: si du surgissement des Gégéneis thébains il n'existe aucune image, ce que donnent à voir les représentations figurées de la naissance d'Erichtonios, c'est en vérité moins une naissance qu'une passation de pouvoir, ou une reconnaissance" (Loraux 1990: 47).

10 Ver, a esse respeito, Tucídides 1966, II, 35-6. Para uma análise completa das orações fúnebres ver Loraux 1994.

11 A discussão que se inicia no *Político* em 269a teve uma importância enorme na história das ideias no que diz respeito à natureza cíclica das transformações sociais. A prova disso é que Políbio, e depois Maquiavel, retornou às descrições platônicas do mito das idades como a uma fonte fundamental para esclarecer a questão.

12 Platão, *Político*, 273c. "Enquanto, com o progresso do tempo e o nascimento do esquecimento, cresce também a dominação do estado caótico que já o caracterizara antigamente."

13 Sobre esse ponto, ver Barker 1983: 264-76.

14 Na *República*, o aparecimento da figura do rei filósofo em 473e também é motivo de temor por parte de Sócrates, mas o impacto sobre os homens de seu tempo parece ser menor pelo fato de que a atuação do rei filósofo na cidade depende de uma série de alterações na organização mesma da vida política. No *Político*, ao contrário, Platão faz questão de mostrar a distância que separa o saber verdadeiro, dos conhecimentos que estruturam os diversos regimes.

15 Para um tratamento de conjunto do escrito platônico, cf. Strauss 1990, Pangle 1990 e Gunnell 1987.

16 Ver Platão, *República*, 555b-556e. Para um resumo do processo de transformação, ver 557a.

17 "La tyrannie est la rencontre d'un désir exceptionnel de puissance et d'un terrain favorable, c'est-à-dire d'un régime qui n'honore plus le pouvoir, ne respecte plus les lois, laissant la bride au caprice de chacun" (Chanteur 1980: 82).

18 Em nossos estudos sobre o tirano em Aristóteles, recorremos com frequência à seguinte

bibliografia: Aubenque 1986, Wolff 1991.
19 Ver, por exemplo, a importante discussão sobre o acaso no Livro II da *Física*.
20 Somos devedores de Aubenque em nossas considerações sobre a contingência e a indeterminação. Ver Aubenque 1986, Cap. II, p 64-8.
21 Platão, de certa maneira, chega à mesma conclusão na República (547-8) ao mostrar que é impossível manter o número perfeito de matrimônios no primeiro regime, o que evitaria sua degeneração.

Capítulo 4

A EDUCAÇÃO DO TIRANO

Em nossos capítulos anteriores procuramos demonstrar a tese de que a tirania não é um regime a mais no ciclo das constituições, mas ocupa um lugar especial, fornecendo um paradigma negativo de regulação da vida política. Se nossas considerações são verdadeiras, devemos admitir que a relação da tirania com a ideia de regime ideal não é a mesma dos outros regimes e que, portanto, devemos levar em conta suas especificidades, se quisermos entender como nossas hipóteses alteram algumas leituras clássicas do fenômeno, que tendem a circunscrever o tratamento filosófico da questão aos seus aspectos mais evidentes e que apontam para a condenação quase unânime que esse regime merecia entre os escritores gregos desde as experiências funestas do século VI a.C.

Se tivermos razão, no entanto, ao dizer que a filosofia, na pessoa de Platão e depois de Aristóteles, serviu-se do imaginário grego de então para abrir novas fronteiras conceituais, devemos reconhecer que isso nos confronta com uma série de dificuldades, evitadas pelos que se contentam em afirmar que a tirania é o pior regime e merecia a condenação unânime dos defensores atenienses não só da democracia, mas também da oligarquia. Ora, a maior das dificuldades é justamente a da relação da filosofia com os tiranos. Adotando a tese de Strauss de que o regime ideal constitui o núcleo da filosofia clássica e reconhecendo que para a criação do melhor regime o que importa é o processo de formação dos homens (paideia), somos obrigados a perguntar pela possibilidade de se educar um tirano. Essa questão faz sentido porque o tirano não é um governante qualquer, e porque o próprio Platão esbarrou na dificuldade de dizer como é possível sair da tirania. Mas se o método proposto na *República* é verdadeiro, e se se pretende universal, não podemos contentar-nos em dizer que a tirania é o último regime do ciclo das constituições, como bem notou Aristóteles em suas críticas a seu mestre. Isso não implica afirmar, o que contraria toda a concepção da antropologia platônica e aristotélica, que todos os homens são igualmente receptivos à educação e capazes de se transformar em homens políticos no sentido que apontamos antes. Implica simplesmente aceitar que nossas formulações alteram o sentido do problema da Educação na medida em que nos põem diante de uma esfera da existência humana cuja relação com a necessidade da formação do espírito é de outra natureza em relação à que encontramos quando se trata de discutir os melhores métodos para se formar um bom cidadão ou um homem bom.

Nosso problema é, portanto, o de saber se é possível à filosofia educar um tirano e, assim, apontar os caminhos para o retorno da tirania às trilhas da criação do regime ideal. Uma primeira distinção, no entanto, se impõe. Nenhum texto põe a questão da relação entre o tirano ideal e a filosofia. O que podemos pesquisar é a relação entre as tiranias concretas e a filosofia, e daí tentar deduzir o alcance desses estudos para nossas hipóteses. Nosso objeto, portanto, são os tiranos gregos que foram confrontados com a filosofia e que testemunham do combate entre o saber e o homem que escolheu o puro poder individual como meta de vida. Realizaremos nossa tarefa recorrendo a dois autores. Em primeiro lugar vamos analisar os textos de Platão nos quais relata sua experiência na Sicília. Em segundo lugar, estudaremos o diálogo *Hieron*, de

Xenofonte, o único texto da Antiguidade no qual um tirano no poder, e não apenas virtual, é posto frente a frente com as exigências do discurso da filosofia.

4.1. PLATÃO

4.1.1. A "Sétima carta"

A questão de saber em que medida o tirano dos textos teóricos de Platão foi criado ou não a partir de um relato fiel de suas experiências pessoais com a tirania torna-se ociosa na medida em que já mostramos não ser essa a pretensão de nosso autor e não ser aí que reside o interesse de sua obra[1]. Mas não podemos deixar de lado o fato de que ao tomar como objeto de suas análises o comportamento de um tirano histórico e de pessoas que aspiraram à tirania, Platão nos forneceu um material precioso para a compreensão de seu pensamento sobre a questão.

A "Sétima carta" contém o relato das viagens de Platão à Sicília e mostra com perfeição como se estabeleceu o contato entre a filosofia e a tirania em Siracusa. É um documento tanto mais precioso quanto mais considerarmos que as sucessivas viagens de nosso autor à Sicília serviram de fonte de inspiração para suas reflexões teóricas e deixaram marcas importantes em seu pensamento. No entanto, enganar-nos-íamos pensando que esse texto contém somente um relato de uma experiência frustrada de atuação política. Em seus limites, ele traça com nitidez as grandes linhas de inspiração da reflexão platônica sobre a política. Platão diz, logo no início, que ainda muito jovem foi levado a querer participar da vida pública. Este desejo, ele nos assegura, era normal na vida dos jovens atenienses, não constituindo marca da originalidade de seu comportamento[2]. O que nos interessa, no entanto, nesse relato, é o fato de que o primeiro contato de nosso autor com a Política se deu na época do governo dos Trinta, que rapidamente, indo contra as expectativas do jovem Platão, degenerou-se em uma tirania ("Sétima carta", 324d). Ora, a queda dos Trinta, longe de conduzir Atenas a um governo mais sábio, levou-a a uma série de abusos e disparates, que culminaram com a morte de Sócrates. Platão retira daí suas primeiras lições. Em confronto com a realidade de seu tempo, ele deduziu que nenhum regime satisfazia às suas aspirações: "Finalmente compreendi que todas as cidades atuais são mal governadas, pois sua legislação é praticamente incurável, se não se unir alguns procedimentos enérgicos a circunstâncias felizes" (*ibidem*, 325d).

Platão chega à filosofia pela constatação do estado deplorável em que se encontravam as instituições políticas de seu tempo. Ao formular a necessidade da filosofia, ele o faz partindo do extremo oposto: a corrupção das cidades. Ora, se a filosofia, ou a exigência de seu exercício, nasce nessas condições, e se é verdade, como mostrou o próprio Platão, que a tirania é a expressão máxima da corrupção, podemos dizer que a filosofia política platônica nasce do confronto do autor com a tirania, ou com o que a tirania realiza negativamente na vida pública: a destruição da possibilidade de um convívio que visa ao bem público. Dizendo de outra maneira: Platão refugia-se na filosofia porque ela parece apontar para o único caminho capaz de assegurar aos homens uma vida digna, à distância das mazelas que dominam sua cidade. Nesse momento do texto, não podemos dizer que ele esteja preocupado exclusivamente com o regime tirânico. O que lhe interessa são traços negativos, que encontram na tirania sua plena realização, mas que importam por comporem a vida política de muitos dos regimes existentes. Com a oposição filosofia-corrupção na mente, nosso autor tem sua primeira experiência com uma tirania concreta (*ibidem*, 326b).

Não podemos dizer que Platão parta de uma teoria da tirania, para elaborar seu pensamento político. Ele parte de uma constatação, a da corrupção da maioria dos regimes, para indicar a necessidade do conhecimento filosófico aos que pretendem agir retamente na vida política. Assim, seu primeiro encontro com uma tirania é marcado por uma decepção, mas também por uma adesão e por uma esperança: a de que a filosofia possa ser eficaz na construção de um regime melhor.

O primeiro contato com a tirania de Siracusa desgosta Platão ("Sétima carta", 326d), mas também o põe em relação com um jovem que o surpreende e que demonstra todo o potencial de uma educação filosófica. Dion revela-se um discípulo ideal, no seio de um regime que era pura perversão e deboche (*ibidem*, 327a). Sua capacidade de assimilação era tamanha, que Platão declara: "É muito provável que, sem me dar conta, de alguma maneira trabalhava para a queda da tirania" (*ibidem*). Dion demonstra, por sua capacidade de aprendizado e por sua disposição a levar uma vida orientada para a prática das virtudes, que é possível uma educação filosófica no interior de uma tirania. Com isso, no entanto, não se chega à possibilidade da transformação da tirania pela via da filosofia, apenas fica demonstrado que a tirania não destrói a virtude de todos os habitantes (*ibidem*, 327c). A prova de fogo virá com a morte de Dionísio, o Velho, e a ascensão de Dionísio, o Jovem.

Dion acreditava que entre os jovens dispostos a seguir a filosofia na via da justiça encontrava-se Dionísio. Por isso convida Platão a empreender sua segunda viagem a Siracusa, na esperança de que possa dar ao governante o mesmo gosto pela vida feliz que dera a ele. Além do mais, Dion acreditava que as condições ideais para a derrubada da tirania pela via da educação filosófica estavam dadas: "Em uma palavra, nunca como naquele momento era possível esperar conseguir a união nos mesmos homens da filosofia e do governo das grandes cidades" (*ibidem*, 328a). As esperanças de Dion levaram Platão ao difícil teste da eficácia da filosofia diante da tirania. Agora não se tratava mais de mostrar que a tirania não destrói todos os espíritos; tratava-se de educar o próprio tirano (*ibidem*, 328c).

Platão logo constatou a dificuldade de ter com Dionísio a mesma relação que tinha com Dion. O tirano vivia numa corte povoada por boatos e ameaças. A simples proximidade do poder, mesmo daqueles que foram chamados pelo governante, era suspeita e provocava a ira dos bajuladores. Para o filósofo, a tarefa era clara, porém extremamente difícil: conduzir Dionísio a uma vida filosófica. Esse propósito elevado esbarrou na resistência do tirano. Platão conheceu o primeiro fracasso. Essa experiência, no entanto, levou-o a algumas reflexões. Antes de comentá-las é preciso dizer que o filósofo ateniense não foi à Sicília movido pela ingênua esperança de transformar-se facilmente no mestre do tirano. Desde o convite de Dion, ele expressa suas resistências e sabe que terá pela frente uma árdua tarefa. Mas como recusar à filosofia esse combate, esse mergulho na vida prática, sem correr o risco de transformá-la em simples retórica vazia a serviço de algum regime? Platão decide correr o risco não por ingenuidade, mas por coerência com as pretensões da filosofia a constituir-se num saber verdadeiro sobre as coisas dos homens e, portanto, capaz de influenciar mesmo as experiências singulares de poder. O convívio do filósofo com o tirano oferece a Platão as condições ideais para explorar os limites do ensinamento filosófico e as possibilidades de construção do regime ideal no tempo presente.

Diante do primeiro fracasso, nosso autor reflete sobre a condição de conselheiro do príncipe. Se o mesmo se mostra disponível para seguir uma nova via, é preciso, em primeiro lugar, mudar seu gênero de vida. Se este conselho não é seguido, o filósofo deve se retirar. Platão não postula inicialmente que o tirano não possa ser educado, diz que se ele se recusar, ou melhor, se insistir em manter o poder tirânico, não há nada que a filosofia possa fazer ("Sétima carta", 330c-331d). Isso nos permite chamar a atenção para uma distinção que vai aproximar a "Sétima carta" de nossas discussões anteriores. A experiência de Platão na Sicília estabelece a diferença entre as tiranias concretas, que muitas vezes misturavam elementos de outros regimes, e a tirania paradigmática do livro nono da *República*. Em um caso estamos diante de um tirano de carne e osso, que não possui necessariamente todos os traços negativos do tirano ideal, pertencendo assim ao mundo cheio de possibilidades da política. Do outro lado, temos o paradigma negativo da vida em comum que, como o regime ideal, não precisa existir no presente para servir de regulador da vida nas cidades. O que os diferencia é o fato de que num temos uma associação de homens, que se constrói de acordo com princípios verdadeiros, e no outro um vazio, que arrasta a parte racional da alma para o abismo dos instintos mais baixos. Tentar educar um tirano é, portanto, uma demonstração de confiança na própria concepção de homem, ainda que mitigada com uma profunda desconfiança em relação ao lugar limítrofe que ele ocupa na experiência política.

Por isso mesmo, Platão não deixa de tentar influenciar Dionísio, mas o faz de forma indireta, para não correr riscos excessivos, inaugurando uma estratégia que Morus batizará depois como a "via oblíqua" ("Sétima carta", 332e; More, 1979). Seus conselhos não têm nada de extraordinário e apontam no sentido da construção das condições que possibilitariam a prática das virtudes necessárias ao melhor regime. O interessante na tentativa platônica é que ele a faz apostando nas imensas possibilidades que acreditava ver na reunião do desejo da ação virtuosa com a posse do poder. Ao criticar Dionísio por não ter tomado o caminho da justiça, ele diz: "Porque ele recusou-se, de uma ponta a outra de seu reino, a recorrer à justiça, quando possuía o mais alto poder!" ("Sétima carta", 335c). Revela-se aqui uma vez mais a consciência de que a obra de fundação de um novo regime, baseado na prática das virtudes, é tarefa de grande envergadura e demanda uma energia extraordinária dos agentes envolvidos. Assim, como nas *Leis* Platão recorre ao "bom tirano" para ajudar o legislador, aqui ele imagina que Dionísio pudesse encarnar essa figura e realizar a conversão à filosofia. Educar um tirano é uma possibilidade inscrita na realidade, ainda que as condições necessárias à existência do ato pedagógico eficaz sejam muito raras de encontrar. A melhor prova do que acabamos de dizer é o fato de que Platão insistiu reiteradas vezes nessa hipótese, mesmo sabendo que suas chances eram mínimas.

Depois de dois fracassos e de ter posto sua própria vida em perigo, nosso autor voltou pela terceira vez a Siracusa. Mais uma vez, Dionísio parecia disposto a aprender com o mestre, mais uma vez suas esperanças foram vãs. Dessa experiência, ele nos legou um método para se reconhecer a verdadeira aspiração do tirano: "Pois bem: para fazer esta comprovação existe um método que é muito elegante. Dá um resultado perfeito, quando aplicado aos tiranos, sobretudo se estão cheios de expressões filosóficas mal compreendidas, como era o caso de Dionísio, como me dei conta imediatamente. É preciso mostrar-lhes o que é uma obra filosófica em toda sua extensão, qual seu caráter, suas dificuldades e o trabalho que exige. Se o ouvinte é um verdadeiro filósofo, apto para essa ciência e digno dela, por ter uma natureza divina, o caminho que lhe é ensinado lhe parece maravilhoso e sente a necessidade imediata de segui-lo, pois não poderá viver de outra maneira" (*ibidem*, 339c). Se, ao contrário, contentam-se com opiniões mal formuladas e vazias, acabam achando o caminho por demais árduo e consideram já ter perdido tempo em demasia com coisas pouco relevantes (*ibidem*, 340d). Assim formulado, o teste platônico pode evitar ao filósofo o perigo e o desgaste de tentar educar um tirano.

O teste em si não traz nenhuma novidade para o leitor acostumado à dialética platônica. Ao longo de sua obra, ele insiste na especificidade do saber filosófico e no fato de que não é acessível a todos, mesmo porque nem todos têm a alma predisposta para adquirir o saber supremo. O que chama a atenção é que Platão não considera problemático tentar ensinar a um tirano, mesmo depois de ter fracassado duas vezes. Para compreender melhor essa resolução, sobretudo por ter Platão se lamentado de haver aceito o convite de seus amigos e cedido à insistência do tirano, é razoável supor que o ato faz sentido num contexto mais amplo do que o do respeito à amizade, que, segundo ele, teve um papel importante em sua decisão. Em primeiro lugar, tendo em vista o que sabemos sobre a natureza do tirano, e mesmo levando em consideração a distinção que fizemos entre o tirano empírico e o tirano ideal, somos tentados a pensar que existe uma certa contradição entre o pensamento de nosso autor e suas ações. Essa tese seria razoável se a decisão de ir a Siracusa fosse anterior aos seus escritos políticos e se as conclusões platônicas fossem explícitas no sentido de recusar ao tirano qualquer aprendizado. O relato, no entanto, não autoriza essa conclusão, uma vez que em nenhum momento é dito que a tirania, enquanto regime possível, interpõe sempre um obstáculo intransponível ao saber. Somos obrigados a concluir que a priori a condição efetiva de tirano não impede o acesso ao caminho da filosofia.

Talvez pudéssemos facilitar nossa pesquisa dizendo que Platão aceita tentar educar o tirano, para garantir a universalidade de seu método e preservar o alcance de seu ensinamento, mas que no fundo trata-se de uma tarefa impossível, que confirma as hipóteses sobre a natureza pervertida da tirania expostas em outras obras. Nesse caso, a distinção entre tiranias históricas e a tirania ideal teria uma função meramente didática, tratando-se sempre de um regime negativo, para além das fronteiras do humano. Tal hipótese tornaria a sequência de atos platônicos absurda, contrariando uma das razões que alega no começo da "Sétima carta" para ir até Siracusa: mostrar que a filosofia tem um alcance prático efetivo e que é capaz de influenciar os destinos de uma comunidade concreta. Além do mais, não podemos perder de vista que, se o tirano é difícil de ser educado, também ofereceria possibilidades inusitadas, caso Dionísio fosse a pessoa que Dion acreditava que fosse. Nessas condições o sucesso da empresa estaria garantido, pois, enquanto tirano, Dionísio detinha as condições perfeitas para agir sobre o corpo social, transformando-se no melhor dos legisladores. Podemos, assim, supor que, embora os riscos sejam grandes, o tirano aproxima-se da figura do legislador pela concentração de poder e pela inexistência de amarras institucionais que tornem sua vontade de construir um regime bom ineficaz. Aderindo à filosofia, ele passa a gozar do privilégio de poder transformar seu amor ao saber em um primeiro passo para a construção do regime ideal. Educar o tirano não é, portanto, nenhum desvario, embora seja uma tarefa extremamente ingrata. Os riscos e dificuldades equilibram-se com as condições favoráveis para a ação, que a tirania concede ao detentor do poder. Sendo o último regime do ciclo de constituições, quando realizado em sua plenitude, ele impede a ação regeneradora; quando apenas parcialmente, ele apresenta semelhanças, ainda que distantes, com o governo legítimo de um só e, portanto, permite ao governante lançar-se no caminho do bem com mais facilidade do que um homem democrático, por exemplo.

Tudo isso, é verdade, aponta para uma possibilidade teórica, que Platão esteve longe de ver realizada. Antes de chegar às conclusões finais, ele lembra-nos que em qualquer situação é difícil encontrar uma verdadeira vocação filosófica. No caso da tirania dois impedimentos diferentes contribuem para o fracasso da empresa. Em primeiro lugar o assédio da razão pelos instintos mais baixos (situação tão própria à tirania) dificulta ao extremo o contato do governante com o saber. O segundo ponto, e que completa a explicação dada pelo primeiro, diz respeito à natureza mesma do saber filosófico, que não pode ser totalmente "formulado em proposições, mas resulta do estabelecimento de um repetido comércio com a matéria mesma do saber, produto de uma existência que se divide com a matéria mesma desse saber, assim como a centelha brota da luz e cresce por si mesma" ("Sétima carta", 341d). Partindo dos escritos de Dionísio, Platão mostra como é falsa a pretensão ao saber que se refugia em relatos de opinião, mas que não é capaz de modificar o conteúdo das ações. O apelo à dimensão prática da filosofia, que teve tanta importância na primeira viagem à Sicília, mostra-se diferente do que o que até aqui foi sugerido. Não se trata de provar a eficácia de um saber, mas sim de constatar sua efetividade, na medida em que todo saber verdadeiro estabelece-se num comércio com a realidade, que o altera e pode ser alterada por ele. O tirano é assim permeável a uma exposição dogmática do saber, ele é fascinado pelo brilho das fórmulas bem escolhidas, mas se mostra incapaz de compreender sua verdadeira natureza. O esforço platônico só podia, nessas condições, resultar em fracasso. Ele mesmo reconhece, dizendo: "Eis quais foram minhas palavras, eu que estava cheio de ódio por minhas loucas vagabundagens na Sicília e por seus insucessos" ("Sétima carta", 350d).

Sua experiência com a Educação do tirano termina em catástrofe. Dion é executado ao tentar enfrentar o poder de Dionísio. O retrato que Platão fornece-nos do tirano nessa parte final da "Sétima carta" aproxima-se muito da descrição do tirano da *República*. A desilusão com sua tentativa de educar um tirano não parece modificar ou pôr em questão sua crença anterior na possibilidade de fazê-lo; a nosso ver, ela altera de maneira significativa sua compreensão do alcance do fenômeno da corrupção do corpo político e da capacidade dos homens de escapar de seus efeitos devastadores. Na luta entre a filosofia e a corrupção/tirania, a vitória é quase sempre da tirania, pois ela pode recorrer a métodos que a natureza do saber filosófico interdita ao amante do saber. Referindo-se a Dion, nosso autor aconselha então a todos os homens justos não desprezar a força da tirania, ou sua incapacidade de agir de acordo com os princípios verdadeiros da filosofia: "Um homem justo, prudente e reflexivo não pode nunca se enganar de todo sobre o caráter dos homens injustos, embora nada tenha de estranho que sofra o destino do piloto hábil que, sem ignorar por completo a ameaça da tempestade, não pode prever sua violência extraordinária e inesperada e por isso naufraga" (*ibidem*, 252a).

Com a "Sétima carta" aprendemos que não é absurda a tentativa de educar o tirano, uma vez que ela se inscreve na lógica da construção do regime ideal. Aprendemos também que para vencer um regime corrompido não existe nenhuma fórmula mágica, que vença o indeterminado do tempo e a opacidade das formas de governo, que não possuem nenhuma relação com a realidade que não emane da vontade pervertida do governante. Nossa pergunta inicial fica, assim, parcialmente sem resposta. De um lado, sabemos que podemos responder a ela positivamente, uma vez que podemos inscrevê-la na esfera da indagação maior sobre a possibilidade do conhecimento filosófico em geral. De outro lado, no entanto, Platão parece sugerir que no fundo sua tentativa esteve sempre condenada ao fracasso. Essa impressão reforça-se quando recordamos que desde a primeira vez nosso autor manifestava um claro ceticismo quanto a suas reais chances de êxito. Tendencialmente, podemos dizer, como vimos na *República*, não há como fugir de uma tirania. Platão prefere o silêncio a uma pirueta conceitual, que faria do ciclo das constituições um círculo mecânico a girar eternamente em torno de si mesmo, como fez depois Políbio no sexto livro de suas *Histórias*. Mas Platão não tem da política uma concepção estática, que faça de seu objeto algo semelhante às esferas celestes. Assim, em relação às tiranias concretas, ele repõe sempre a mesma questão sobre a educação do tirano e a transformação do regime, sabendo que o tempo dos homens, como as tempestades, guarda segredos impenetráveis ao entendimento humano. A "Oitava carta" aporta a prova dessa maneira de encarar a realidade.

4.1.2. A "Oitava carta"

Quando Platão escreve a "Oitava carta", a situação na Sicília havia se modificado e permitia um tímido otimismo aos partidários de Dion. Seu assassino, Calipo, que havia ocupado o poder, fugiu, depois de mostrar-se incapaz de governar a cidade. No entanto, a situação apresentava-se indefinida, como relata-nos Platão: "Desde a queda da tirania, há entre vós na Sicília dissensões sem fim em torno da mesma questão: uns buscam a maneira de recuperar o poder; outros querem suprimir definitivamente a tirania"[3]. Nesse contexto, nosso autor tenta realizar mais uma vez seu sonho de influenciar nos destinos da Sicília. Mas contrariamente às outras vezes, Platão não se desloca até a ilha nem ocupa o mesmo lugar de conselheiro do governante. Diante de um quadro complexo e perigoso, ele situa-se na posição do árbitro sereno, que pretende falar à distância dos interesses de todos.

Para levar a bom termo sua estratégia, ele parte de uma distinção exterior ao corpo social: a que opunha os sicilianos aos cartagineses. Assim, elegendo um inimigo externo, apelando para a diferença entre gregos e bárbaros, que sabe ser problemática, ele consegue apontar para um perigo que transcende às querelas e lutas da própria cidade. Nesses termos, Platão pode até mesmo oferecer uma explicação aceitável para a tirania de Dionísio, o Velho, mesmo sem desculpá-lo por ter se apropriado do poder, que lhe foi concedido para a salvação da cidade, de maneira espúria ("Oitava carta", 353c). O inimigo externo, esse outro que ameaça até mesmo a sobrevivência da língua grega, é um fator de união, que deve convencer a todos os partidos em luta dos riscos de se acreditar que uma vitória pode ser conseguida ao custo da vida de alguns adversários. A guerra contra os bárbaros oferece a ocasião para uma conciliação, que de outra maneira seria impossível.

Não deixa de ser surpreendente que Platão, que tantas dificuldades encontrou para convencer o tirano a praticar alguns atos razoáveis, refugie-se no medo ao inimigo externo para tentar realizar sua obra de educação política. O certo, no entanto, é que mudou sua posição e ele declara explicitamente ter dois interlocutores: "O que exerceu a tirania, tanto quanto o que a sofreu" (*ibidem*, 354a). Com isso ele deixa de lado a ação política, para substituí-la por um saber que pode a justo título reivindicar seu alcance universal. Dizendo de outra maneira, nosso autor substitui o ator político comum pela filosofia, afastando qualquer dificuldade que poderia surgir pela simples suspeita de que aspirava ao poder, ou ajudava alguém a alcançá-lo.

A sequência de seus argumentos está em consonância com suas obras principais, principalmente as *Leis* e a *República*. Assim, o primeiro conselho que dá aos tiranos é o de fugirem do nome do tirano, procurando transformar seu poder pessoal em uma realeza – regime que pode aspirar ao reconhecimento. Essa mudança é exatamente a que deveria ocorrer no ciclo das constituições, para que ele pudesse se fechar e realizar a circularidade do tempo. O que espanta, no entanto, é que na *República* Platão se cala sobre a possibilidade de efetivação de um ato que agora aconselha aos tiranos tentarem (*ibidem*, 354c). Podemos supor que o tirano descrito por ele em sua grande obra é um paradigma, que reúne todas as características negativas, mas não corresponde ao perfil concreto dos tiranos de seu tempo. Essa hipótese não só desqualificaria as análises realizadas sobre a tirania, transformando-as em mero jogo literário, como faria de uma simples carta um tratado político mais importante – por seu realismo – do que todos os diálogos fundamentais. Como isso nos parece absurdo, acreditamos ser mais razoável tentar compreender na "Oitava carta", o que torna o esforço platônico coerente.

Inicialmente devemos observar que nosso autor insiste na tese defendida na *República* de que a tirania se origina das democracias e do excesso de liberdade ("Oitava carta", 354d). Mais à frente essa afirmação se amplia: "Pois o excesso de servidão e o excesso de liberdade são cada um mal extremo, enquanto, quando estão na justa medida, são o bem supremo" (*ibidem*, 354e). Há uma diferença a ser observada entre o regime desejado pela filosofia e a estratégia sugerida pelo filósofo, para que o tirano fuja da repulsa gerada pelo poder violento. No entanto, não podemos separar totalmente os dois caminhos para não fazermos dos conselhos de Platão uma mera coleção de ditados de bom senso. Podemos, portanto, supor que, ao aconselhar ao tirano transformar seu poder num poder real, ele esteja apontando para uma saída possível para o impasse do nono livro da *República*. Esse caminho, repetido ao longo do texto é o da submissão às leis: "Aos que sua inclinação conduz à tirania, recomendo que fujam rapidamente do que é o objeto da felicidade dos que são insaciáveis e insensatos e que procurem transformar o regime em uma realeza, transformando-se no escravo das leis reais e aceitando as honras somente das leis e da boa vontade dos homens" (*ibidem*, 354c).

Quando em seguida Platão dirige-se aos siracusanos, ele repete a mesma exortação: "Para começar, siracusanos, sejam submissos às leis, que sejam tais que, visivelmente, não desviem seus pensamentos com paixão para ganhos pecuniários e para as riquezas" ("Oitava carta", 355b). Fica claro que a saída da tirania passa pela adoção de boas leis e pelo respeito às mesmas. A educação do tirano visa a torná-lo apto para a obediência irrestrita das leis e não mais, como na "Sétima carta", para a aquisição de um verdadeiro saber filosófico. Essa maneira de pôr a questão da tirania coincide em grande medida com a transformação ocorrida no pensamento de nosso autor que, como já assinalamos, deixa os terrenos elevados da especulação metafísica da *República* para abordar aspectos mais práticos da vida política nas *Leis*, sem que isso implique contradição ou abandono de suas posições principais.

Se nossa explicação anterior é plausível e existe uma analogia entre o desenvolvimento do pensamento platônico e a modificação do tratamento dado à questão da educação do tirano, não podemos deixar de reconhecer que essa passagem comporta algumas dificuldades. A primeira, e talvez a mais importante, é o fato de que embora Platão tenha efetivamente proposto considerar a lei como o objetivo da obra do legislador, ele também mostrou no *Político* que esse polo objetivo do saber não dá conta de todas as vicissitudes da vida pública, fazendo-se necessária a presença de um verdadeiro filósofo no governo, para que a cidade resista ao efeito das mudanças provocadas pelo tempo. A lei, portanto, embora essencial para a continuidade da obra de fundação, não substitui a filosofia nem resolve o problema da relação do ator político com o tempo.

A segunda dificuldade, derivada da primeira, é a do alcance da educação do tirano pela lei. Se o próprio Platão é o primeiro a reconhecer as limitações do saber objetivado nas instituições legais, como esperar que um tirano, pouco disposto a ceder parcelas de seu poder, possa beneficiar-se do respeito a códigos que pode infringir a qualquer hora?

Podemos concluir que a educação do tirano é possível na medida em que os atores políticos sejam capazes de tomar como parâmetro de conduta algo exterior a suas vontades. Conduzir o tirano à descoberta da alteridade é a tarefa dos que se dispõem, como Platão, a ensinar ao tirano a fugir da própria tirania. Sendo a lei algo genérico e não necessariamente submetido à vontade de um grupo ou de um homem, ela é a porta de saída possível do regime extremo. Platão não diz que esse caminho pode ser sempre seguido, apenas o aponta como factível no contexto de uma mudança que, como ele mesmo demonstrou, é das mais difíceis de se realizar.

A "paideia" do tirano é, assim, apenas um começo, que não pode aspirar aos píncaros de uma verdadeira Educação pela filosofia, mas que liberta o pensamento platônico, como as análises das *Leis*, do impasse causado pelas conclusões da *República*.

4.2. XENOFONTE

4.2.1. Xenofonte e a tirania

Xenofonte foi o único autor da Antiguidade que abordou o problema da tirania pondo em um diálogo um tirano real, e não um tirano virtual, ou um defensor da tirania como o Trasímaco de Platão. Isso confere à análise de sua obra um sabor especial, que é acrescido pelo fato de que no *Hieron* o diálogo relatado é entre o governante absoluto – Hieron – e um sábio – Simonide – que disputam em torno do significado do governo tirânico. Dada a importância que a noção de sabedoria teve em nossas análises anteriores, podemos supor que nosso estudo trará novas luzes para alguns temas que já abordamos. No entanto, não vamos tentar uma análise completa do diálogo citado, reportando-nos para isso à obra de Leo Strauss – *On tyranny: an interpretation of Xenophon's Hieron*[4] –, que marcou de maneira definitiva a história da interpretação dos trabalhos de Xenofonte. Vamos nos limitar a destacar alguns pontos que melhoram nossa compreensão da questão da educação do tirano, reconhecendo desde já nossa dívida para com o intérprete citado.

Como resume Strauss: "Uma vez que a tirania é, em princípio, um mau sistema político, o aprendizado da tirania compreende necessariamente duas partes. A primeira deve evidenciar as insuficiências específicas da tirania (a patologia) e a segunda mostrar como essas insuficiências podem ser reparadas (a terapêutica)" (Strauss 1990: 130). Esse programa geral corresponde sem dúvida à organização do texto de Xenofonte, mas sua realização nos reserva algumas surpresas.

A primeira, e mais importante, é que a defesa da tirania não é feita pelo tirano, mas pelo sábio. A segunda, a de que Hieron aparece no texto como um detrator da tirania. Deslindar o significado dessa inversão implica reconhecer a diferença entre a manutenção do poder tirânico e o aprendizado da tirania enquanto forma de governo (Strauss 1990: 131). Essa distinção permite ao sábio falar sobre a tirania sem que se possa acusá-lo de falar sobre o que não pode ser conhecido senão do ponto de vista estritamente prático das ações de conservação, que se desenrolam no tempo presente. Seja como for, é preciso notar que um diálogo sobre a tirania com um tirano real não é de mesma natureza que o debate com um sofista que defende a tirania como forma ideal de governo. No primeiro caso, o sábio se encontra à mercê da vontade do tirano e por isso deve usar uma estratégia especial para expor suas ideias, sob pena de perder a própria vida. No segundo caso, o sábio enfrenta um adversário feroz, mas que pode apenas tentar atingi-lo num terreno que é o da filosofia, e não o do exercício do poder: a argumentação racional. O que talvez fosse interessante pesquisar é a razão pela qual Xenofonte escolhe a situação mais perigosa, para expor o sábio em face da violência da tirania, que deixa de ser virtual, para poder se exercer sobre o interlocutor. Ou, formulando de outra maneira, podemos perguntar que ganhos teóricos podem advir do fato de que o sábio confronta-se com um tirano num diálogo como o *Hieron*, enquanto em outras obras a tirania é apenas uma possibilidade nos horizontes da cidade, mas não uma ameaça presente a conduzir os rumos da discussão. Essa pergunta ganha ainda maior relevância quando recordamos que nosso problema é o da educação do tirano e que a situação do diálogo é muito semelhante à que deve ter enfrentado Platão em sua estada em Siracusa.

É significativo nesse contexto que a conversa tenha início com uma questão que denuncia a natureza da tirania: "Qual é a diferença entre a vida de um tirano e a de um simples particular no que diz respeito aos prazeres e às penas resultantes de suas posições para suas pessoas" (Xenofonte 1967, *Hieron*, I, 2). Dividir os habitantes da cidade entre o que é tirano e os particulares já expressa com clareza a natureza do regime de que estamos tratando. Com efeito, a tirania reserva ao tirano a posse do poder e do espaço público no qual se desenrola a vida política nos outros regimes. Aos habitantes da cidade governada tiranicamente resta o domínio de suas vontades e de seus desejos, o espaço privado dentro do qual cada um procura forjar sua identidade. Ora, nesse contexto, a figura do tirano é essencial, pois constitui-se na única referência coletiva, no ponto de encontro de desejos que, não podendo se medir em relação a um bem coletivo, buscam na pessoa do governante a expressão máxima de sua realização.

Por isso o primeiro acordo entre Hieron e Simonide se dá em torno da ideia de que o tirano, como os outros homens, é igualmente afetado pelos sentidos (Xenofonte 1967, *Hieron*, I, 2). Essa concordância, que visa afastar da discussão a ideia de que o tirano possui uma natureza especial, implica, no entanto, um risco para ele. Embora seus súditos possam estar de acordo que o tirano não é dotado de uma natureza especial, o gozo que tem das coisas prazerosas é superior ao que pode alcançar qualquer súdito, que deve se conformar com a condição de simples particular. Ora, isso acrescenta um perigo à condição de tirano. Na construção da tirania ele se choca, em primeiro lugar, com os indivíduos e grupos que não aceitam a redução da vida pública aos limites impostos por um regime degenerado. Para lidar com essa oposição, o governante tirânico recorre à violência e ao assassinato, afastando de seu caminho os que poderiam guardar a memória da antiga liberdade ou do antigo poder. Como já vimos com Aristóteles, a tirania deve reduzir os homens a uma igualdade absoluta, sem lugar para destaques ou expressões individuais. Isso corresponde à transformação de cidadãos em particulares, que têm nos desejos pessoais a fonte de suas vidas despida dos atrativos fornecidos pela esfera do reconhecimento público.

Essa condição, que parecia garantir a segurança do tirano mostra-se, no entanto, como mais uma fonte de ameaças. Com efeito, o tirano é o único que parece realizar plenamente os desejos que dominam a vida dos simples particulares. A oposição entre um único governante e seus súditos e a ausência total de mediações institucionais fazem com que o lugar do tirano seja ambicionado como o da plena realização das aspirações da vida privada. Ao expulsar os homens da praça, o tirano termina por converter cada cidadão não num opositor, mas num aspirante à tirania, uma vez que o lugar do governante se transforma no objeto do desejo de seres cujas aspirações não dependem da existência da esfera pública para realizar-se. Leo Strauss tem, portanto, razão quando afirma que "o sujeito principal da conversação descrita no *Hieron* não é o aperfeiçoamento do governo tirânico, mas a diferença entre a vida do tirano e a vida privada no que diz respeito aos prazeres e às penas" (Strauss 1990: 153).

Hieron demonstra ter clara consciência do perigo que ronda seu poder quando decide explicar para Simonide que a tirania é um mal para quem a exerce, e não uma fonte inesgotável de prazeres. Simonide, por seu lado, não esposa, necessariamente as teses hedonistas ao aceitar como ponto de partida a visão do habitante de uma tirania[5]. Com efeito, como poderia ter exposto ao tirano o ponto de vista dos cidadãos das repúblicas? E, mais do que isso, que eficácia teria um discurso próximo ao dos que foram derrotados pelo tirano, numa discussão sobre a natureza dos regimes políticos? Ao escolher o ponto de vista dos que se distanciaram da política e se dedicaram aos prazeres da vida, o poeta situa-se num lugar que efetivamente ameaça o poder do tirano, uma vez que não é possível acabar com a vida privada senão através da morte e, nesse caso, da morte de todos os que desejam apenas bens particulares. Simonide intimida Hieron porque, ao expor a opinião corrente, mostra que o tirano não consegue forjar um lugar absolutamente seguro para si, nem mesmo quando destrói o espaço público. Na primeira parte do diálogo assistimos, assim, ao estranho debate entre um tirano que ataca a tirania e um sábio que reproduz a linguagem dos comuns. Essa verdadeira guerra de posições expressa, no entanto, apenas uma parte do verdadeiro diálogo entre a tirania e a filosofia que alimenta a obra de Xenofonte.

Hieron procura então destruir um a um o que ele acredita que são os "mitos" correntes a respeito da condição do tirano. O primeiro desses "mitos" é o de que os tiranos são mais felizes porque são objeto de elogios frequentes por parte dos que o frequentam (Xenofonte 1967, *Hieron*, I, 14). Ao observar que os elogios dirigidos aos tiranos são mera bajulação, Hieron acrescenta que os tiranos perdem não só a capacidade de obter o verdadeiro reconhecimento, mas também o verdadeiro amor (*id., ibid.*, I, 33-6). O que intriga nessa argumentação é que a condição requerida para ambos é a liberdade dos sujeitos, que a tirania deve destruir para se instalar. A aparente contradição, no entanto, não é suficiente para desencorajar Hieron, sobretudo porque Simonide, longe de requerer ao governante que abandone o poder, o que poderia denunciá-lo aos olhos do tirano, mantém a linha inicial de argumentação, ao afirmar que essas primeiras objeções não são capazes de demover os homens da ideia de que a tirania é uma fonte de felicidade para os tiranos.

O debate continua no mesmo tom, e a oposição entre o tirano e os particulares não é abandonada. Hieron diz que a tirania é uma guerra constante – "É, pois, uma guerra que o tirano sustenta continuamente" (*id., ibid.*, II, 18) –, que não goza de relações nas quais entra a confiança (*id., ibid.*, III, 2) e que teme pela vida não só porque vive com tropas mercenárias, mas sobretudo porque "no lugar de punir os assassinos do tirano, as cidades lhes conferem grandes honras e, no lugar de lhes interditar os sacrifícios, como se faz com os assassinos dos simples particulares, as cidades, ao contrário, chegam até mesmo a construir estátuas nos templos para os autores de tais atos" (Xenofonte, *Hieron*, IV, 5). Além do mais, os desejos dos tiranos são proporcionais a seu poder e dessa maneira são mais difíceis de serem contemplados dos que os dos particulares (*id., ibid.*, IV, 7). No tocante aos outros homens, os tiranos estão confinados ao convívio com os piores, pois, embora conheça alguns que têm valor, "no lugar de admirá-los, os teme: os bravos podem intentar algum golpe audacioso para recuperar a liberdade; os hábeis maquinar uma conspiração; os justos podem levar a multidão a desejar tê-los por chefe" (*id., ibid.*, V, 1).

Por fim Simonide apela para as honras que acompanham a condição de todo governante: "Tu também, ao que me parece, apesar dos inúmeros inconvenientes da tirania que acabas de enumerar, te conduz em sua direção com ímpeto para que te honrem, para que todos obedeçam a tuas ordens e que todo o mundo te olhe com admiração, para que todos cedam o passo e se levantem de seus assentos, para que todos os presentes te deem sempre marcas de deferência, por meio de discursos e atitudes" (*id., ibid.*, VII, 2). Hieron não parece disposto a abandonar o caminho que escolheu e insiste na falsidade essencial de sua condição. Mais uma vez ele diz que a condição de simples particular é mais desejável que a de tirano, afastando com isso os olhares cobiçosos dos que da condição de simples particulares poderiam almejar a tirania.

Nesse ponto do texto, no entanto, uma modificação foi introduzida por Simonide sem que Hieron dê mostras de considerá-la. Com efeito, até aqui, todos os temas discutidos cabiam perfeitamente tanto no espaço da vida privada quanto na esfera do governo tirânico. Ao falar da honra, Simonide aborda um terreno específico da vida na cidade e dos valores políticos e que só pode ser almejado do ponto de vista do poder ou do exercício de funções públicas. A honra não era algo que pudesse ser conferido a um simples particular. Assim, ao insistir na oposição entre a vida do tirano e a vida dos particulares, Hieron termina por expor seu verdadeiro objetivo: a manutenção do poder e o afastamento de todos os que podem aspirar à tirania. Simonide, sem contrariá-lo, demonstra que em momento algum sua fala se distanciou do terreno original da política. Raciocinar a partir da oposição tirania--vida privada é mais uma das estratégias do tirano que quer afastar seus súditos do terreno perigoso das discussões públicas. O próprio Hieron percebe, no entanto, que ao fazer dos cidadãos simples particulares, ele transformou todo o corpo social em aspirante à tirania, uma vez que a destruição da lei e dos valores deixa vivo apenas o desejo que, sem a mediação do bem público, é limitado ao que cada um pode querer para si em sua esfera privada. Desse ponto de vista, todos são igualmente capacitados para exercer a tirania, pois todos desejam igualmente as coisas que o tirano permite que sejam desejadas e das quais ele parece usufruir de forma privilegiada.

Simonide conclui com ironia essa primeira parte do diálogo: "O que acontece, então, Hieron, se se trata de algo tão miserável ser tirano e se, quanto a ti, estás inteiramente convencido disso, que não te livres de tão grande mal, mas que nem tu, nem outros, jamais renunciaram voluntariamente à tirania desde quando dela tomaram conta?" (Xenofonte 1967, *Hieron*, VII, 12). Hieron nada mais faz do que repetir seus argumentos anteriores, para demonstrar que sua condição é tão miserável que nem mesmo isso pode fazer, uma vez que seus atos enquanto tirano impedem-no de retornar à vida comum. Mas uma mudança ocorreu no texto que permite ao sábio começar a expor suas ideias. Não podemos dizer se Hieron acredita tê-lo convencido, mas certamente não deixou margens à dúvida quanto à sua disposição de defender seu poder a qualquer custo, quando afirma que não pode abrir mão de sua condição para preservar sua vida.

Podemos deduzir, assim, que essa primeira parte do diálogo afasta inteiramente a possibilidade de que a filosofia possa servir para convencer o tirano a renunciar a seu poder. Embora tenha procurado mostrar-se sensível ao que um certo senso comum valoriza e que é o ponto de partida de muitas reflexões éticas, Hieron deixa claro que da condição de tirano não há retorno aparente e que só a força rege as relações entre o governante e seus súditos. Na segunda parte do diálogo, Simonide procura mostrar que essa não é a única alternativa.

4.2.2. Filosofia e tirania

Depois de ter aceito que Hieron conduzisse o debate, Simonide põe-se a falar e a expor suas ideias sobre a tirania, ou melhor, a mostrar quais são os caminhos para reformá-la. No lugar, no entanto, de começar a falar de seus planos de maneira direta, ele retorna ao desejo manifesto do tirano de ser amado: "Para mim, no entanto, acredito poder mostrar que o poder não impede de forma alguma a alguém de ser amado e mesmo oferece vantagens, a esse respeito, sobre a condição privada" (Xenofonte 1967, *Hieron*, VIII, 1). Respeitando os limites impostos pelo tirano, ou parecendo oferecer uma resposta para um dilema da vida tirânica, Simonide expressa seu pensamento, sem correr o risco de contrariar a vontade do governante. Isso não quer dizer que ele pode expor todo seu pensamento, ou que seja obrigado a acreditar no que disse Hieron a respeito da tirania. Ao permitir que Hieron fizesse a crítica da tirania e mostrasse as supostas misérias de sua condição, Simonide delimitou um campo de questões e de significados dentro do qual pode se mover, sem pôr em perigo a própria vida ou tornar seu discurso ineficaz a priori.

O terreno escolhido é o do reconhecimento, que, como vimos, obriga o tirano a buscar uma aproximação com os outros homens e ao mesmo tempo a conceder ao espaço público maior significação do que gostaria. Podemos dizer que a estratégia de Hieron foi a de aproximar o tirano dos homens comuns, realçando os valores da vida privada, o que lhe permite depreciar sua condição de governante único e absoluto. Simonide, ao contrário, não pode ficar restrito ao domínio particular, nem aceitar a atomização da vida social. Para tanto, deve forçar o tirano a reconhecer que entre seus maiores desejos está o de ser reconhecido, o que só pode ocorrer na esfera da vida pública. A afirmação "de que a autoridade torna os homens mais belos" (Xenofonte 1967, *Hieron*, VIII, 5) é possível porque Hieron, no afã de afastar possíveis concorrentes, procurou demonstrar que seu lugar é fonte de penas e punições, e não de prazeres infinitos, como acreditam os súditos, e que, ao mesmo tempo, a maior desgraça de sua condição está no fato de que não pode receber amor verdadeiro. Ora, o amor pode ser privado, mas não a honra. O deslocamento do campo de interesses impede o tirano de negar realidade à vida pública. Resumidamente, podemos dizer que Simonide busca confrontar Hieron com a impossibilidade de reduzir o mundo dos homens a uma somatória de contatos entre indivíduos, enquanto o tirano procura evitar tudo que possa avivar a memória perdida do espaço público.

A busca do amor, convertida em busca do reconhecimento, altera os termos do debate, ainda que Hieron se negue a abandonar a posição que escolheu no começo do diálogo. Ela permite sobretudo a Simonide mostrar que a tirania está sempre confrontada com o mundo da política, mesmo quando o tirano deseja afastar todos os sinais de uma relação com o conjunto dos súditos e não com cada um isoladamente, convertido, segundo sua lógica, em postulante ao cargo, ou em inimigo potencial. Assim, Simonide diz que basta atribuir a alguém, a um funcionário, a dura tarefa de punir, para que o tirano possa gozar dos frutos da condição do que distribui recompensas pelos bons atos (*id., ibid.*, IX, 3). Essa sugestão, tão simples na aparência, visa a destruir a unidade absoluta do poder, que dava consistência à argumentação de Hieron. Alterando a relação do tirano com os súditos, ela procura minar as bases de um regime que busca consolidar-se negando a essência da vida política.

A mesma lógica comanda o resto do debate. Aconselhando Hieron, que se queixa do ódio provocado por seus mercenários, a alterar suas funções, ele diz: "Seguramente, quando os cidadãos compreenderem que os mercenários não causam mal algum àquele que não o pratica, que eles previnem contra as tramas dos malfeitores, que socorrem os oprimidos, que tomam precauções e afrontam o perigo pelos cidadãos, como não aceitariam pagar para mantê-los?" (Xenofonte 1967, *Hieron*, X, 8). Salta aos olhos que a transformação do exército de mercenários em uma força pública modifica a natureza de seu vínculo com a cidade. Concebido para afastar o conjunto dos cidadãos do tirano, para provocar o medo e reforçar o sentimento de distância que separa o ocupante absoluto do poder e seus súditos, esse exército nada guarda dos exércitos de cidadãos que fizeram a glória de muitas cidades gregas. Poderíamos objetar que um exército de mercenários, pela própria composição de suas tropas, dificilmente poderia cumprir as funções que lhe são atribuídas por Simonide. Mas essa crítica passa longe, a nosso ver, do verdadeiro objetivo de sua proposta, que é a de restaurar a dignidade do espaço público e, com isso, dilapidar as bases da tirania. Não se pode julgar sua proposta pelo que tem de executável, mas pelo que indica como saída para um impasse que é reconhecido e apontado como tal pelo próprio tirano. É, portanto, usando argumentos de seu oponente que Simonide aponta para uma solução, que no fundo destruiria a tirania.

A prova do que acabamos de dizer nos é fornecida diretamente pelo sábio, que logo depois de descrever as tarefas de um exército novo de mercenários, aponta o interesse geral (*id., ibid.*, XI, 1) como o objetivo último para todos os tiranos que querem fugir dos males da tirania. Mais à frente, ele esclarece o sentido de sua fala: "Não convém a um tirano concorrer com um particular (...), mas eu afirmo, Hieron, é com outros chefes de Estado que deves entrar em concorrência" (*id., ibid.*, XI, 6, 7). De novo a tônica da fala do sábio é a inversão da lógica da primeira parte do diálogo. Se ao leitor pode ter parecido estranho que um tirano faça a crítica da tirania, o esforço de Simonide em resgatar a dimensão pública do poder esclarece, pelo menos em parte, a estratégia de Xenofonte. De fato, a crítica da tirania levada a cabo por Hieron visava afastar a tirania dos olhares cobiçosos dos particulares, que, sem contar com um meio de expressar seus desejos, elegem o governo absoluto como modelo do estado de satisfação de todas as necessidades e fantasias da vida. O tirano procura assim demonstrar que sua vida não é uma eterna fonte de prazer, mas, ao contrário, uma sucessão de frustrações e medo. Para ele, isso se demonstra sobretudo na incapacidade que os homens comuns sentem de amar o tirano, o que é um fato inegável aos olhos de todos. É nesse ponto preciso que Simonide busca apoio para a árdua tarefa de educar o tirano, e é na inversão da perspectiva particularista que o caracteriza que aposta tudo. Trazer a tirania para as luzes do interesse de todos é o melhor caminho, a seus olhos, para transformar o tirano num governante aceitável, ou, dizendo com outras palavras, para converter a tirania numa monarquia, que é um regime político por excelência, capaz de promover algum tipo de felicidade entre os homens.

O que devemos nos perguntar é se essa estratégia é bem-sucedida, ou mesmo se poderia tê-lo sido. Leo Strauss diz que não, mas para compreender suas razões é preciso explicitar alguns de seus argumentos. O primeiro é o de que Simonide insiste na oposição, importante para a análise da tirania, entre o regime que conta com o consentimento dos súditos e o que não conta (Strauss 1990: 134). Esse divisor de águas permite-nos formular com maior precisão as exigências do sábio para que o tirano abandone a violência e a força e torne legítimo seu governo. O comentador resume assim esse passo: "A correção da tirania consiste unicamente na transformação do tirano injusto ou corrompido, que é mais ou menos infeliz, num tirano virtuoso e feliz" (*id., ibid.*: 135).

Ora, a dificuldade contida nessa maneira de enunciar a transformação da tirania está no fato de que Simonide não evoca em momento algum a mediação da lei (*id., ibid.*: 136), como instrumento de correção dos desvios do comportamento tirânico. Ao agir dessa forma, aproxima, segundo Strauss, a "tirania virtuosa" do governo dos sábios; ou melhor, sugere que a correção do pior regime se baseia na transformação da virtude do tirano, e não na modificação das condições do exercício do poder – o que exclui qualquer referência à liberdade no apelo de Simonide a Hieron (Strauss 1990: 139). Como mostra Strauss: "A tirania, tal como é corrigida pelas sugestões de Simonide, parece elevar-se à altura dos mais belos modelos políticos de Xenofonte" (*id., ibid.*: 143).

Para avaliar o alcance da última afirmação, Strauss sugere que ela seja examinada à luz da filosofia política de Xenofonte (*id., ibid.*: 144). Nesse campo, duas observações são necessárias. A primeira, que aproxima Xenofonte de Platão, diz respeito ao papel atribuído ao saber no estudo da natureza dos regimes. Como já tivemos ocasião de demonstrar, a filosofia, ou o governo segundo a filosofia, é a forma privilegiada de mando, suplantando, quando realizada plenamente, todos os regimes baseados na obediência às leis e aos costumes. Sabemos, no entanto, quão difícil é fundar uma cidade inteiramente baseada na sabedoria e que possa resistir aos efeitos do tempo. De um ponto de vista geral, a afirmação de que uma tirania convertida ao saber é superior aos regimes legais é coerente com o sistema filosófico de Xenofonte e traz consigo os mesmos problemas da realização do melhor regime em Platão.

Nossa segunda observação diz respeito ao texto do diálogo que estamos analisando. Ora, não encontramos nele nenhum sinal de que o caminho descrito por Strauss possa ser seguido, o que se torna evidente pelo fato de que Hieron não faz comentário algum aos conselhos proferidos por Simonide. Como observou Strauss, talvez fosse mais correto concluir que: "Enquanto Xenofonte parece ter acreditado que a tirania virtuosa, ou o governo de um tirano que escuta os conselhos do Sábio, é preferível em princípio ao governo das leis ou ao poder dos magistrados eleitos, parece que ele pensou que a melhor tirania não poderia – caso fosse possível – ser realizada" (*id., ibid.*: 149). A solução proposta teria, portanto, um alcance meramente teórico, sem implicar a efetiva possibilidade de conversão de uma tirania num regime de acordo com a filosofia (*id., ibid.*: 150).

Se a conclusão anterior é verdadeira, devemos retornar à nossa questão inicial e perguntar se a educação do tirano é possível, na ótica de Xenofonte. Dizendo de outra maneira: se o ensinamento tirânico, tal como o concebe Strauss, é o centro do diálogo de nosso autor, ele não pode ser transformado num ensinamento prático, nem serve para guiar o tirano para fora da tirania. Enquanto ensinamento teórico, ele nos fala sobre a natureza da tirania, mas não nos fornece uma resposta concreta para a saída da tirania. O impasse platônico permanece, e, de uma maneira geral, podemos dizer que Xenofonte não altera nossas teses anteriores sobre o papel da tirania no pensamento político grego.

Essa tese, no que diz respeito a Xenofonte, depende, no entanto, de aceitar-se a interpretação que acabamos de apresentar e que em linhas gerais chega às mesmas conclusões de Strauss. Ela pode ser posta à prova e o foi de maneira brilhante por Alexandre Kojève, num ensaio intitulado "Tyrannie et sagesse"[6]. O ponto de partida para a refutação da interpretação de Strauss é o de que é possível encontrar na história um tirano com as características do tirano de boa vontade descrito por Simonide. Esse tirano, no entanto, só é encontrado nos tempos modernos, segundo Kojève. Para ele, podemos ter chegado a tal ponto, não por um erro de compreensão da tirania da parte dos clássicos, mas porque a História teria se encarregado de alterar as condições de realização do "bom governo do tirano". Ora, o fundo confessadamente hegeliano dessa leitura não parece contradizer as teses que defendemos ao longo de nosso livro em relação ao papel da tirania na filosofia grega. Ainda que não estejamos de acordo com Kojève, não é necessário recorrer à resposta de Strauss ao ensaio mencionado (Kojève, apud Strauss 1990: 222), para afirmar que esse tipo de refutação não atinge o núcleo de nossas hipóteses. Isso se deve ao fato de que não precisamos aceitar a filosofia hegeliana para tornar uma leitura dos clássicos frutuosa para a compreensão de nossos próprios problemas. Seja como for, parece-nos que a impossibilidade de educar-se o tirano e o papel regulador negativo que a tirania exerce no interior da filosofia grega servem-nos como exemplo de como uma teoria pode dar conta de lidar com os limites da vida na "pólis" e, dessa maneira, de falar com pertinência das fronteiras da política, traçando os contornos dentro dos quais devemos nos mover para não cairmos na barbárie provocada pela crença no impossível, ou pela transformação de nossos desejos particulares em mola da ação política.

NOTAS

1 Distanciamo-nos aqui das análises de Jean Luccioni, que fez desta uma questão central (Luccioni 1958: 73-89).

2 Platão, "Sétima carta", 324b.

3 Platão, "Oitava carta", 352b.

4 Utilizamos a edição francesa do livro de Leo Strauss (Strauss 1990). Para o texto de Xenofonte, trabalhamos com a edição Xenofonte 1967.

5 Distanciamo-nos nesse ponto da interpretação de Strauss, que, embora afirme não ser Simonide um hedonista, observa que a obra é toda marcada por uma referência constante a temas e concepções próprias a essa corrente filosófica (Strauss 1990: 192-5).

6 Esse ensaio foi publicado junto com a edição francesa da obra de Strauss.

REFERÊNCIAS BIBLIOGRÁFICAS

I. Fontes Primárias:

ARISTÓTELES. *Constitution d'Athènes*. Paris: Les Belles Lettres, 1952.
_____. *The Politics of Aristotle*. 4 Vols. Oxford, 1887-1902.
_____. *La Politique*. Paris: J. Vrin, 1982.
_____. *Éthique a Nicomaque*. Paris: J. Vrin, 1987.
_____. *Física*, Opere. Vol. III. Roma-Bari: Laterza, 1987.
DIÓGENES LAÉRCIO. *Vie, doctrines et sentences des philosophes illustres*. 2 Vols. Paris: Garnier-Flammarion, 1965.
ÉSQUILO. *Théâtre complet*. Paris: Garnier-Flammarion, 1964.
EURÍPIDES. *Tragédies complètes*. 2 Vols. Paris: Gallimard, 1962.
HESÍODO. *Os trabalhos e os dias*. São Paulo: Iluminuras, 1991.
_____. *Teogonia*. São Paulo: Iluminuras, 1992.
HERÔDOTOS. *História*. Brasília: Ed. da UnB, 1985.
_____. *L'Enquête*. Paris: Gallimard, 1964.
HOMERO. *L'Odyssée*. Paris: Garnier-Flammarion, 1965.
_____. *L'Iliade*. Paris: Garnier-Flammarion, 1965.
PLATÃO. *Oeuvres complètes*. 2 Vols. Paris: Gallimard, 1950.
_____. *Obras completas*. Madrid: Aguilar, 1977.
SÓFOCLES. *Théâtre complet*. Paris: Garnier-Flammarion, 1964.
TUCÍDIDES. *Histoire de la Guerre du Peloponnese*. 2 Vols. Paris: Garnier-Flammarion, 1966.
XENOFONTE. *Oeuvres complètes*. 3 Vols. Paris: Garnier-Flammarion, 1967.

II. Fontes complementares:

ADKINS, A.W.H. *Merit and responsibility. A study in Greek values*. Londres: Oxford University Press, 1960.
_____. *Moral values and political behaviour in Ancient Greece*. Nova York: W.W. Norton, 1972.
ANDREWES, A. *The Greek tyrants*. Londres: Hutchinson's University Library, 1957.
ANNAS, J. *An introduction to Plato's Republic*. Oxford: Clarendon Press, 1981.
ASSUNÇÃO, T. "Comentários a Arquíloco". In: *Cadernos do NAPQ*, no 4. Belo Horizonte: FALE-UFMG, 1992.
AUBENQUE, P. *La prudence chez Aristote*. Paris: P.U.F., 1986.
_____. *Concepts et catégories dans la pensée antique*. Paris: J. Vrin, 1980.
_____. *Le problème de l'être chez Aristote*. Paris: P.U.F., 1972.
BARKER, E. *Teoria política grega*. Brasília: Editora da UnB, 1983.
_____. *The political thought of Plato and Aristotle*. Nova York: Dover, 1959.
BENVENISTE, É. *Le vocabulaire des institutions indo-européennes*. Paris: Les Éditions de Minuit, 1969.
BOLLACK, J. "Œdipe roi et la philologie". In: *Cfne*, no 49, 1992.
CASSIN, B. *Gregos, bárbaros, estrangeiros. A cidade e seus outros*. Rio de Janeiro: Editora 34, 1993.
CHANTEUR, J. *Platon, le désir et la cité*. Paris: Sirey, 1980.
COMETA, M. *Il tragico: materiali per una bibliografia*. Bolonha: Il Mulino, 1990.
CROMBIE, I.M. *Análisis de las doctrinas de Platón*. 2 Vols. Madri: Alianza Editorial, 1988.
DETIENNE, M. *Os mestres da verdade na Grécia arcaica*. Rio de Janeiro: Jorge Zahar, s.d.

DONLAN, W. "The tradition of anti-aristocratic thought in early Greek poetry". In: *História*, no 22, 1973.
DROIT, R. *Les grecs, les romains et nous. L'Antiquité est-elle moderne?* Paris: Ed. Le Monde, 1991.
EDMOND, M.P. *Le philosophe-roi. Platon et la politique.* Paris: Payot, 1991.
EUBEN, P. (org.). *Greek tragedy and Political theory.* Berkeley: University of California Press, 1986.
FINLEY, M. *The world of Odysseus.* Londres: Chatto and Windus, 1956.
_____. *L'invention de la politique.* Paris: Flammarion, 1985.
GERNET, L. *Anthropologie de la Grèce Antique.* Paris: Maspero, 1968.
GOLDSCHMIDT, V. "Le problème de la tragédie d'après Platon". In: *Questions platoniciènnes.* Paris: J. Vrin, 1970.
_____. *Les dialogues de Platon.* Paris: P.U.F., 1993.
GOULDNER, A.W. *Enter Plato-classical Greece and the origins of social theory.* Nova York: Basic Books, 1965.
GUNNEL, J.G. *Political philosophy and time.* Chicago: The University of Chicago Press, 1987.
GUTHRIE, W.K.C. *A history of Greek philosophy.* 3 Vol. Cambridge: Cambridge University Press, 1979.
HATZFELF, J. *História da Grécia Antiga.* Publicações Europa-América, 1965.
INAMA, V. *Letteratura greca.* Milão: Hoepli, 1934.
ISAAC, J. *Les oligarques.* Paris: Calmann-Levy, 1989.
KITTO, H.D.F. *A tragédia grega.* 2 Vols. Coimbra: Armênio Amado, 1972.
KNOX, B. *The heroic temper: studies in Sophoclean tragedy.* Berkeley: University of California Press, 1983.
_____. *Word and action. Essays on the ancient theater.* Baltimore: The Johns Hopkins University Press, 1979.
LABORDERIE, J. *Le dialogue platonicien de la maturité.* Paris: Les Belles Lettres, 1978.
LANZA, D. *Il tiranno e il suo pubblico.* Turim: Einaudi, 1977.
LESKY, A. *La tragedia griega.* Barcelona: Labor, 1970.
LÉVI-STRAUSS, C. *Antropologia estrutural.* Rio de Janeiro: Tempo Brasileiro, 1975.
LIVROZET, S. *La dictature démocratique.* Paris: Les Lettres Libres, 1985.
LORAUX, N. *Invenção de Atenas.* Rio de Janeiro: Editora 34, 1994.
_____. *Les enfants d'Athéna.* Paris: Éditions La Découverte, 1990.
_____. "Sólon au milieu de la lice". In: *Aux origines de l'hellénisme. La Crète et la Grèce.* Paris, 1984.
_____. "La majorité, le tout et la moitié". In: *Le genre humain*, no 22, 1990.
_____. *Maneiras trágicas de matar uma mulher.* Rio de Janeiro: Zahar, 1988.
_____. "Repolitiser la cité". In: *L'Homme.* Paris, 1986.
LUCCIONI, J. *La pensée politique de Platon.* Paris: P.U.F., 1958.
MacINTYRE, A. *Justiça de quem? Qual racionalidade?* São Paulo: Loyola, 1991.
MEIER, C. *De la tragédie grecque comme art politique.* Paris: Les Belles Lettres, 1991.
MILLON-DELSOL, C. *Essai sur le pouvoir occidental: démocratie et despotisme dans l'Antiquité.* Paris: P.U.F., 1985.
MORE, T. *A utopia.* Col. Os Pensadores. São Paulo: Abril Cultural, 1979.
MOREAU, J. *Aristote et son école.* Paris: P.U.F., 1962.
MOSSÉ, C. *La tyrannie dans la Grèce Antique.* Paris: P.U.F., 1969.
MURPHY, N.R. *The interpretation of Plato's Republic.* Oxford: Clarendon Press, 1951.
NICOLET, C. *Le métier de citoyen dans la Rome républicaine.* Paris: Gallimard, 1976.
NUSSBAUM, M. *The fragility of goodness: luck and ethics in Greek tragedy and philosophy.* Londres: Cambridge University Press, 1986.
PANGLE, T.L. *The Laws of Plato.* Nova York: Basic Books, Inc. Publishers, 1990.

POLIGNAC, F. *La naissance de la cité grecque*. Paris: Éd. de la Découverte, 1984.
_____.*Les présocratiques*. Paris: Gallimard, 1988.
REALE, G. *História da filosofia Antiga*. 5 Vols. São Paulo: Loyola, 1993.
_____. *Introducción a Aristóteles*. Barcelona: Editorial Herder, 1985.
REINHARDT, K. *Sophocle*. Paris: Éd. de Minuit, 1971.
ROMILLY, J. *La tragédie grecque*. Paris: P.U.F., 1982.
_____. *La Grèce Antique à la découverte de la liberté*. Paris: Éd. de Fallois, 1989.
_____. *Les grands sophistes dans l'Athènes de Périclès*. Paris: Éd. de Fallois, 1988.
SARTORI, G. *A teoria da democracia revisitada*. 2 Vols. São Paulo: Ática, 1994.
SEGAL, C. *Tragedy and civilization. An interpretation of Sophocles*. Cambridge (MA): Harvard University Press, 1981.
STRAUSS, L. *Argument et action des Lois de Platon*. Paris: J. Vrin, 1990.
_____. *La cité et l'homme*. Paris: Agora, 1987.
_____. *Droit naturel et histoire*. Paris: Flammarion, 1986.
_____. *Studies in Platonic political philosophy*. Chicago: The University of Chicago Press, 1983.
_____. *De la tyrannie*. Paris: Gallimard,1954.
_____. *What is political philosophy?* Chicago: The University of Chicago Press, 1959.
TOMÁS DE AQUINO. *Du royaume (De regno)*. EGLOFF, 1946.
TULLOCK, G. *Autocracy*. Boston: Dordrecht, 1987.
VAZ, H.C.L. "Platão revisitado. Ética e metafísica nas origens platônicas". In: *Kriterion*, no 87, 1993.
VERNANT, J.-P. *Mythe et tragédie en Grèce Anciènne*. 2 Vols. Paris: Éd. de la Découverte, 1986.
_____. *Mito e tragédia na Grécia Antiga*. São Paulo: Brasiliense, 1988.
_____. *Les origines de la pensée grecque*. Paris: P.U.F., 1962.
VLASTOS, G. *Platonic studies*. Princeton (NJ): Princeton University Press, 1981.
VOEGELIN, E. *Plato*. Louisiana: Louisiana State University Press, 1981.
WINNINGTON-INGRAM, R.P. *Sophocles - an interpretation*. Cambridge: Cambridge University Press, 1980.
WOLFF, F. *Aristote et la politique*. Paris: P.U.F., 1991.
YOURCENAR, M. *La couronne et la lyre*. Paris: Gallimard, 1979.